읽는 기도문을 하나님께...

읽는 기도문을 여러분께...

모든 성경은 **하나님의 감동**으로 된 것으로 교훈과
책망과 바르게 함과 의로 교육하기에 유익하니

딤후 3:16

---

\* "~하겠습니다" "~살겠습니다"는 율법적 맹세가 아닌 믿음의 다짐이요, 믿음의 고백입니다. 이렇게 고백함으로써 내 자유의지를 주님께 내어 드리고 천국의 푯대를 향해 나아갈 수 있는 영적인 힘을 키울 수 있습니다.

# 읽는 기도 소책자

## 영의 기도

더하트

모든 민족을 제자로 삼으라고 말씀하신 아버지와 아들과 성령의 이름으로 온전한 기도의 번제를 올려 드립니다. 읽는 기도문 시리즈는 기도가 무엇인지 잘 모르시는 분과 기도를 도무지 어떻게 해야 할지 어려워하시는 분을 위하여 만들어졌습니다. 특별히, 질병과 물질과 사람들로 인한 고난 가운데 있는 하나님의 사람들이 기도문을 가지고 기도하실 때에 기도의 힘을 받아 능히 상황과 환경을 이길 수 있도록 쓰인 기도문입니다. 더 나아가 기도의 깊은 경지에 이르기를 원하시는 모든 이들에게 하늘 보좌 앞 금 제단에서 내려오는 축복이 이 기도문을 통하여 임하시기를 기도합니다.

이 기도 책은 성경에 기록된 하나님의 말씀을 믿음으로 고백하며 올려 드리는 영의 기도입니다. 예수 그리스도의 마음을 담아 _____성도님께 두 손 모아 안겨 드립니다.

따라서 모든 믿음과 기도의 기준은 성경 말씀을 기준으로 하는 것이 가장 중요합니다. 하나님이 원하시는 뜻대로 기도하고 살아가시는 여러분들이 되시길 바랍니다. 예수님 외에 절대 구원은 없습니다. "나 곧 나는 여호와라 나 외에 구원자가 없느니라" (사 43:11) 천국 문으로 안내하는 구원의 기준은 예수 그리스도이시며 오직 성경 말씀만이 100% 진리입니다. 그러므로 여러분들이 신뢰할 수 있는 가장 확실하고 정확한 말씀을 믿고 기도하는 것이 하나님께서 기뻐하시는 영의 예배요, 거룩한 기도라는 것을 기억하시기 바랍니다.

**- 예수님을 사랑하는 기도자가 드립니다 -**

# 이 책은 개인적인 기도문을 기록한 기도 책입니다.

이와 같이 성령도 우리의 연약함을 도우시나니 우리는 마땅히 기도할 바를 알지 못하나 오직 성령이 말할 수 없는 탄식으로 우리를 위하여 친히 간구하시느니라

_롬 8:26

이 기도문은 독자로 하여금 가장 기도하기 쉽게 발음의 편의를 고려하여 쓰여졌습니다. 그래서 문법적인 요소를 모든 곳에 적용하지 않았음을 알려드립니다. 말씀이 기도문에 자연스럽게 녹아 있으므로 직접 읽어보시면, 입가에서 기도 문장이 자연스럽게 맴돌며 읽히실 것입니다. 그 이유는 성령께서 기도의 길을 미리 닦아 놓으시고, 기도의 문이 열리도록 여러분들의 심령에 성령님의 운행이 있으시기 때문입니다. 이미 1년이란 시간 동안

주변에 있는 기도자들이 함께 참여해 본 후 충분한 시간을 놓고 다듬어서 나온 기도문입니다. 따라서, 여러분이 어떤 마음가짐으로 읽어 나가시느냐에 따라 기도의 불이 더 강하게 붙을 수도 있습니다. 마치 며칠을 굶주린 사람이 밥을 먹을 때 늑장 부리며 느긋하고 여유롭게 먹지 못하고 오직 밥상 한 곳만 쳐다보며 열심히 먹는 것처럼... 사막 한 가운데에서 갈증의 한계치로 쓰러지는 자가 시원한 냉수 한 잔을 마셔도 간절한 마음과 이제는 살 수 있겠다는 생각으로 벌컥 벌컥 물을 마시는 것처럼...

그러나 그리 아니할지라도, 그저, 조근 조근 **소리 내어 한 문장씩 읽어 나가기만 하셔도 기도의 불이 쉽게 붙게 됨을 몸소 경험**하시게 되실 것입니다. 여러분이 실제 체험해 보시고 직접 경험해 보세요!

– 하나님의 마음과 내 마음을 일치시키시는
성령님, 감사합니다. –

# 차 례

하나님이 살아 계시고 성경이
사실인지를 하나씩 상고해 보기 ··· 12

## 1부

예수님을 영접하는 기도문 ··· 26

성령 기도 ··· 36

보혈 기도 ··· 55

대적 기도 ··· 71

회개 기도 ··· 88

## 2부

| | |
|---|---|
| 하루를 시작하는 기도 | ··· 110 |
| 알사탕 기도 | ··· 116 |
| 천국의 기쁨이 임하는 기도 | ··· 122 |
| 말씀이 살아 움직이는 기도 | ··· 134 |

## 3부

| | |
|---|---|
| 성령 충만 기도 | ··· 150 |
| 가족 영혼 구원 기도 | ··· 161 |
| 자녀 인성기도 | ··· 172 |
| 공부기도 | ··· 184 |

내 집은 만민이 기도하는 집이라
일컬음이 될 것임이라 _사 56:7

# 하나님이 살아 계시고 성경이
# 사실인지를 하나씩 상고해 보기

---

읽는 기도
1권

읽는 기도
찬양 전곡

# 하나님이 살아 계시고 성경이 사실인지를 하나씩 상고해 보기

**오직 여호와는 참 하나님이시요 살아 계신 하나님이시요 영원한 왕이시라** _렘 10:10

저는 살면서 이러한 생각을 자주 해왔습니다.

1. 정말 세상이 그냥 만들어졌을까?
2. 사람도 일반 동물처럼 태어나서 살다가 죽으면 진짜 끝일까?
3. 하늘에 있는 태양은 어떻게 계속 빛이 꺼지지 않는 걸까?
4. 눈에 보이는 것이 전부는 아닐 텐데 눈에 보이지 않는 세상도 있는 것일까?
5. 세상에는 왜 그렇게 나쁜 사람들이 많은 걸까?

6. 나는 나로 살다가 죽으면 모든 것이 사라지고 없어지는가?
7. 왜 나는 돈을 벌면 계속 벌어야 한다는 압박감이 생기는 걸까?
8. 새 차를 사면 금세 질리고 또 다른 차를 사려고 하는 생각은 왜 드는 것일까?
9. 명문대나 일류대는 가고 싶은데 왜 지방에 있는 대학으로는 가기가 싫은 걸까?
10. 나에게는 성적 욕구가 없다가도 상황과 조건에 따라 왜 갑자기 생기는 것일까?
11. 왜, 유독 사람만 힘들고 어려우면 죽고 싶다는 생각을 하게 될까? 동물들도 먹고살기가 나보다 어려울 때도 많지 않은가?
12. 하늘에는 왜 이렇게 셀 수 없는 별들이 이토록이나 많고 우주는 왜 인간이 정복할 수 없는 미지의 공간인 것인가?
13. 나를 힘들게 하는 사람을 왜 원수 갚고 싶은 생각이 들게 되는 것일까?

14. 나는 무엇 때문에 사람들에게 좋은 사람으로 보이게 하기 위해 말과 행동을 조심해야 하는 것인가?
15. 내가 무엇인가 잘 해내서 자랑하는 것은 자부심이 되는데 남이 자랑하는 소리는 왜 그렇게 듣기가 거북하고 싫은 것일까?
16. 내가 하기 싫은 공부나 일을 안 하면 그만인 것을 왜 꾸역꾸역 하려는 것일까?
17. 사람들은 신이 눈에 안 보인다고 안 믿으면서 정작 눈에 보이지도 않는 마음이 중요하다고는 왜들 말하고 다닐까?
18. 진실을 원하면서도 나는 정작 현실에서는 왜 거짓말을 하고 사는 것일까?
19. 내가 다른 이성을 만나는 것은 미래를 위한 준비가 되지만 정작 내 배우자는 여러 이성들과 경험이 없는 사람이면 좋겠다고 생각하는 이기심의 근원은 무엇일까?
20. 내가 원하던 것을 이루지 못했는데 다른 사

람이 그것을 성공하면 왜 진심으로 축하해 주지 못하는 것일까?
21. 마음에 상처받으면 우울해지고 왜 굳이 죽고 싶은 생각이 드는 걸까?
22. 왜 유독 죽음만은 두려운 것일까?
23. 남의 것을 훔치면 왜 가슴이 두근거리고 떨리게 되는 것일까?
24. 사람들에게 칭찬받으면 기분이 좋고 비난받으면 왜 기분이 나쁜 것일까? 이것도 단순한 나의 감정 문제인가?
25. 내가 죽으면 모든 기억은 사라지고 없어지는가?

 지금 이러한 질문을 읽고 계신 분의 생각은 어떠신가요?
 공감하시는 것들이 많지는 않으셨는지 여쭤봅니다. 저는 누구보다 종교라는 것을 싫어하는 사람입니다.

이유는 간단합니다. 종교활동 하는 시간에 더 노력해서 돈을 벌거나 종교를 의지할 필요가 없다고 생각하기 때문입니다.

하다못해 저는 교회에 나갔어도 위로가 되지 않았던 사람입니다.

그런 저 같은 자가 지금 기도 책을 쓰고 있으니 매우 놀란 만한 일이 아닐 수 없었습니다.

사람은 누구나 한 번 태어나서 한 번은 죽게 되는데 나는 무슨 존재일까를 생각하고는 살지만 딱히 이에 대답할 명확한 정답이 없기 때문에 생각하다가 그만두는 경우가 많습니다.

그러나 저는 이에 대해서 끈질기게 물고 늘어졌습니다.

왜냐하면 하나님이 안 계시면 상관없지만 만약에라도 계신다면 이거는 너무나도 큰일이라는 것을 알았기 때문입니다.

우리가 알고 있는 일반적으로 말하는 지옥이라

는 곳도 있게 되는 것이니 심각해지지 않을 수 없었습니다.

그리하여 저는 다음과 같이 설정을 하고 움직였습니다.

하나님이 안 계실 수도 있다는 전제를 마음 편하게 깔아 놓고는 천국과 지옥을 체험한 사람들을 실제로 찾아서 만나 보는 것이었습니다.

사실 이분들과 대화하면서 놀랍기도 했으나 적어도 이 사람들의 말만 듣고는 다 믿을 수는 없다고 생각했습니다.

그래서 저는 객관적인 자료를 찾아서 학자처럼 깊이 있게 파고 들었고 열심히 조사해 보았습니다.

말 그대로 눈에 보이지 않는 하나님의 흔적을 하나씩 더듬어가며 찾아보는 과정에 몰입해 보는 것이었습니다.

그중에 첫 번째로 어느 나라에나 있는 성경 책

을 연구해 보았습니다.

가령, 역사적 사건의 유물이나 객관적인 증거가 있는가에 대한 것들을 알아보는 것이지요.

무엇보다 성경에 기록된 '모세가 홍해 바다를 가른 사건'이 머릿속에 떠올랐습니다.

과연 이 스토리가 여러분들은 진짜 믿어지세요?

저는 믿기가 쉽지 않았습니다.

그래서 이리저리 알아보았더니 김○학 박사님이 이미 홍해 바다 밑에 있는 병거들의 바퀴와 다양한 고대 유물을 발견하여 인터넷에 올려놓으셨고 그 밖에 성경에 나온 지역과 유물을 탐구하신 후 성경이 사실이라는 증거를 책으로 집필하여 명백히 밝혀 주셨습니다.

뿐만 아니라 제가 즐겨 하던 과학적 원리가 이미 성경에 다 기록되어 있었고 근대 자연과학이 나오기 이전에 성경에서는 미리 과학의 원리를 알려주는 듯이 굵직하게 기록되어 있었습니다.

게다가 내 주변에 있는 것을 찾아본다면 역사 공부할 때 B.C(Before Christ)로 교과서에 중요한 기준으로 삼는 것과 월 화 수 목 금 토 일이라는 7일도 피부에 와닿게 되었습니다.

로마시대의 역사서에도 예수님의 행적이 명확하게 기록되어 있었습니다.

여기까지는 자료와 증명된 역사를 통해 예수님의 흔적을 찾아볼 수 있게 된 것이고 내가 살고 있는 하늘과 땅과 자연물을 깊이 있게 관찰해 보았습니다.

지구의 정교한 시스템은 마치 사람의 몸과도 유사한 원리도 발견하면서 하나님이 사람을 위해 일부러 만들어 놓은 작품처럼 보였습니다.

무엇 하나 그냥 있는 것이 아니라 만들어진 목적이 있어 보였고 그 만들어진 창조물로 인해 또 다른 생물들이 연관되어 있으면서도 서로가 서로에게 도움을 주면서 상생하는 원리가 숨겨져 있음을 알게 되었습니다.

육지에 있는 식물들과 동물들, 그리고 바다에 있는 생물들이 비슷비슷한 원리에 의해 창조되었음을 얼마든지 알 수 있었습니다.

가령, 물고기를 보세요! 지느러미와 꼬리가 다들 수영하기에 적합하게 만들어지지 않았나요?

하늘을 날아다니는 새들을 보세요.

종류는 달라도 비슷한 모양의 구조와 원리가 보입니다.

하다못해 우리가 파리를 때려잡기 위해 만든 파리채의 구조는 파리를 잡기 위한 목적이란 것을 파리채를 보면 분명하게 나타나 알 수 있습니다.

자~ 여기까지 보건대 이 글을 읽으시는 분도 하나님이 안 계신 것을 증명하여 주장하는 것보다는 하나님이 계신 것을 증명하는 것이 더 논리적이며 자연스럽다는 것을 알게 되셨을 겁니다.

앞 부분에서 제가 생각해 본 25가지의 모든 질문에 대한 대답도 성경 속에 이미 다 기록되어 있었고 정확하게 명시되어 있었습니다.

결론은 제가 성경을 모르고 있었고 성경을 읽으려고 하지도 않았으면서 인생과 삶에 대한 고난의 질문을 엉뚱한 곳에 가서 답을 찾으려니까 내면에 답답함도 생겼던 것이었습니다.

이 작은 종이 위에 일일이 제 경험을 나열하여 설명하려면 제한적 조건이 뒤따르기 때문에 차차 여러분들도 저처럼 한 꺼풀씩 그 의문이 풀리시게 될 것입니다.

그런데요. 한 가지 큰 문제점이 있습니다.

눈에 보이지 않는 그 하나님을 어떻게 무슨 방법으로 만나느냐는 것입니다.

하나님은 눈에 보이지도 않지 어디에 계신지도 모르겠는데 여러분 같으시면 어떻게 하시겠나요? 하나님 아버지께서 우리의 그런 마음을 다 아시고 독생자 예수님을 이 땅에 보내시어 우리에게는 예수님의 이름으로 기도할 수 있는 엄청난 특권을 주셨답니다. 성경 말씀을 통해 하나님은 지금도 일하고 계시는데 예수님의 이름으로 기도만

하면 여러분의 마음에 하나님이 친히 하나님의 영이신 성령으로 찾아오시는 것입니다.

그래서 저는 '기도'라는 단어가 얼마나 중요한 것인지를 알기에 기도하기 어려우신 분들을 위하여 하나님의 말씀으로 기도문을 만들어 누구나 하나님의 임재를 체험하고 알 수 있도록 편찬해 놓은 것입니다.

그래서 여러분은 읽는 기도 책으로 그저 단순히 소리 내어 읽기만 하시면 되는 겁니다.

기도를 이와 같이 참 쉽게 하시면 되는 겁니다.

그저 마음 놓고 편하게 소리 내서 읽기만 하시면 하나님의 말씀이 여러분 마음에 있는 참 '나'인 영과 성령님이 만나시게 되는 것입니다.

어떠세요? 한 번 시도해 보시고 싶은 마음이 들지 않으세요?

말씀으로 기도하면 기도가 능력이 되어 영원한 것을 얻으실 수 있습니다. 순간을 투자하여 영원한 것을 붙잡을 수 있는 절호의 기회가 여러분에게도 찾아온 것입니다. 그러니까 잡는 자가 주인공이요 믿는 자가 지혜로운 자입니다.

여러분께서는 이 기도 책을 가지고 다니시면서 날마다 주님과 동행하시길 축복합니다.

**하나님이 우리에게 약속하신 것은 이것이니
곧 영원한 생명이니라** _요일 2:25

좁은 문으로 들어가기를 힘쓰라
내가 너희에게 이르노니 들어가기를 구하여도
못하는 자가 많으리라 _눅 13:24

# 1부

예수 그리스도

# 예수님을 영접하는 기도문

**영접하는 자 곧 그 이름을 믿는 자들에게는 하나님의 자녀가 되는 권세를 주셨으니** _요 1:12

하나님이 하늘과 땅에서 보이는 것들과 보이지 않는 것들을 창조하셨습니다.
지금 저는 내 눈에 보이는 세상과 눈에 보이지 않는 저 천국이 있음을 알게 되었습니다.

세상에 있는 만물의 모양을 보면 비슷한 원리가 있고 목적에 맞게 만들어졌음을 뒤늦게 알게 되었습니다.
눈에 보이지 않는다고 존재하지 않는 것이 아닌데 저는 눈에 보이는 것만 좇아서 살아왔습니다.

사람이 자동차를 만들 때 그 모양은 달라도 내부의 원리는 동일하듯 고양잇과 동물들을 바라보면 입과 눈과 귀 주변에 비슷한 특징들이 있음을 보게 됩니다.
그리고 사람이 자동차를 만든 분명한 사용 목적이 있는 것처럼 우리가 하나님의 형상을 닮고 하나님의 능력으로 창조되었기 때문에 하나님의 뜻과 계획을 이루도록 만들어졌습니다.
작은 종이 상자 하나를 만들어도 네모난 상자가 나오려면 계획된 전개도가 있기 마련이고 종이 상자를 만들면 필요한 곳에 사용하기 위한 확실한 목적이 있습니다.

살아가면서 사방을 아무리 둘러보아도 하늘에 있는 태양부터 시작하여 모든 것들을 하나님의 계획된 사랑으로 나를 위하여 만드신 것이 아니라면 이 거대하고 정교한 시스템이 우연히 만들어질 이유가 조금도 없음을 깨달아 알게 되었습니다.

하나님, 이런 사실을 지금이라도 알게 해주시니
너무나 감사드립니다.

이제는 곳곳마다 하나님의 손길이 느껴지고
여기에도 저기에도 창조주 하나님의 흔적을 보게
됩니다.

그리하여 자연스럽게 하나님이 보내 주신
예수님을 나의 그리스도로 믿고 구원자 하나님을
내 마음에서 받아들이고 믿게 되었습니다.

자연을 보아도 하나님을 알 만한 것들이 창조된
피조물 속에 숨겨져 있음을 이제는 제 마음의
눈에도 보이게 되어 참으로 놀랍기만 합니다.
하나님께서 살아 계신 창조주의 존재를 나에게
나타내 보이시려고 모든 만물을 통하여 보이신
것이 분명하게 보이고 그 진리를 알게 되었습니다.

창세로부터 주님의 보이지 아니하는 것들, 곧 주님의 영원하신 능력과 신성이 주께서 만드신 만물에 분명히 보여 알려졌으니 저는 이제부터 창조주 예수 그리스도를 내 마음에 믿고 따르기를 원합니다. 끝까지 자기 고집과 죄에 대한 교만을 가지고 세상을 살아간다면, 이제는 하나님의 심판대 앞에서는 절대 핑계하지 못할 것입니다.
예수님이 나의 모든 죄를 사하시고 천국으로 인도하시기 위해 십자가에서 내 모든 죗값을 대신 치르시고 죽으셨고, 성경의 약속대로 삼 일 만에 부활하신 그 진리를 내 마음에 믿습니다.
예수님이 내 죄를 위해 십자가에서 죽으시고 장차 천국에 오게 하기 위하여 나를 위해 부활하셨습니다.
예수님의 부활이 나의 부활이 될 것을 내 마음에 믿어 입으로 시인하고 고백합니다.
주님께서 믿음의 선물로 영생을 주셨고 이제는 내 마음에 그리스도의 영이 계심을 믿습니다.

지금부터 보혈의 은혜로 새롭게 마음이 변화되어
거듭난 자로 살기를 원합니다.
지금까지 하나님을 모른 채 내 생각과 감정대로
살아온 모든 죄를 회개합니다.
단순히 후회로 그치는 것이 아니라 예수님의
십자가 보혈로 나의 모든 죄가 깨끗이 용서받기를
원하여 자백합니다.
생각으로 지은 죄를 용서해 주시옵소서.
마음으로 지은 죄를 용서해 주시옵소서.
눈으로 지은 죄를 용서해 주시옵소서.
귀로 지은 죄를 용서해 주시옵소서.
손으로 지은 죄를 용서해 주시옵소서.
발로 지은 죄를 용서해 주시옵소서.
죄인지 모르고 지은 모든 죄와 무의식적으로 지은
죄와 꿈에서 지은 죄도 보혈로 깨끗하게 용서해
주시옵소서.
모든 죄를 온전히 용서받아 예수님의 생명책에 내
이름이 기록되기를 간절히 원하고 원합니다.

내 이름이 하늘에 기록된 것을 기뻐하고 살기를
간구합니다.
영원한 지옥에서 나를 구원해 주신 예수님께
감사드립니다.
주님이 나를 이끄시고 모든 죄의 구덩이에 빠지지
않도록 도와주시옵소서.

예수님의 모든 행적은 역사서에서도 굵직하고
선명하게 기록되어 있었습니다. 전 세계 모든
역사를 기준하는 B.C는 Before Christ의
줄임말이고 이는 모든 사람들이 직접 눈으로 보고
예수님의 십자가와 부활의 사건을 진리 가운데
알게 하셨습니다.
저는 이제 부활의 자녀로서 하나님의 자녀가
되었음을 선포합니다.

예수님을 믿으면 이제 나도 주님처럼 부활의 몸을
입을 수 있음을 믿습니다.

저는 지금부터 이 진리를 성경 말씀을 통해 하나씩 알아가고 싶습니다.
주님과 함께 이 세상을 살아갈 수 있는 믿음을 주시고 우리 주님과 동행하는 삶을 살아가도록 은혜를 내려 주시옵소서.

하나님이 내 생각을 다스려 주시고 하나님이 내 마음에 오셔서 하나씩 깨달아 알게 해주시옵소서.
예수님, 이제 내 마음에 주님이 오셨으니 내 삶의 주인이 되어 주시고 나를 영원한 천국으로 이끌어 주시옵소서.
조금씩 나아가겠습니다.
한 걸음씩 말씀 따라 순종하며 나아가겠습니다.
시간이 지나가도 이 첫 마음을 잃지 않고 아름답게 살아가도록 도와주시옵소서.
믿음이 성장하여 천국에 준비된 자로 살아가기를 원하나이다.

세상에 마음이 빼앗기지 않게 도와주시옵소서.
세상에서 먹고살려면 돈을 벌어야 하고 사람들을
만나야 하는데 그 속에서 상처받고 실망하다가
예수 그리스도의 진리를 놓치지 않기만을
원합니다.
나는 죄를 이기지 못하고 세상을 이기지 못하지만
내 마음에 계신 하나님이 할 수 있는 승리의 힘을
주시고 천국으로 꼭 이끌어 주시길 원합니다.
무슨 일이 있어도 예수님을 놓치지 않겠습니다.

죄 가운데 눈이 가려져 있다가 진리의 기억이
흐려지지 않도록 도와주시옵소서.
끝까지 말씀대로 작은 것부터 순종하며 살아내어
천국에서 하나님께 칭찬받는 자로 서기를
간구합니다.
예수 그리스도의 보혈이 내 생각과 마음에 영원히
마르지 않게 도와주시옵소서.

오늘 예수님의 권세로 구원받은 이 감동과 기쁨을 잊지 않고 감춰진 생명을 세상으로부터 빼앗기지 않도록 도와주시옵소서.

예수님을 믿습니다.
오직 예수님만이 길이시고 생명이시며 유일한 구원자 하나님이심을 믿습니다.
예수님이 부활이요 생명이시니 예수님을 믿는 자는 죽어도 살겠고
살아서 예수님을 믿는 자는 영원히 죽지 않을 것을 내 마음에 굳게 믿.습.니.다.

하나님 아버지, 감사합니다.
나의 구원자 예수님, 감사합니다.
내 안에 계신 성령님, 존경합니다.
모든 영광을 여호와 하나님께 올려 드립니다.
내 겉사람이 주님을 따르고 내 속사람이 우리 주님을 찬양합니다.

"내 영혼아 영원토록 하나님을 찬양하라." 아멘.

이 모든 기도를 나를 위해 십자가에서 죽으시고 부활하신 나의 주 예수님의 이름으로 간절히 기도 올려 드립니다. 아멘, 아멘, 아멘.

무엇이든지 속된 것이나 가증한 일 또는 거짓말하는 자는 결코 그리로 들어가지 못하되 오직 **어린 양의 생명책**에 기록된 자들만 들어가리라 _계 21:27

누구든지 생명책에 기록되지 못한 자는 불못에 던져지더라 _계 20:15

# 성령기도

성령이 친히 우리의 영과 더불어 우리가 하나님의
자녀인 것을 **증언하시나니** _롬 8:16
**모두 한 성령을 마시게 하셨느니라** _고전 12:13

하나님의 말씀이 내게 가까워 내 입술에 있기를 원합니다.
하나님이 내 입술에 주시는 말씀을 선포합니다.
선포되는 말씀마다 그대로 이루어 주실 줄 믿습니다.
진리의 말씀이 내 입술에 있습니다.

제단에서 핀 숯을 내 입술에 대어 주시옵소서.
말씀과 성령이 함께 일하시는 하나님, 지금 내 심령에 오시옵소서.

내 속에서 말씀하시는 분은 아버지의 성령이심을
믿습니다.

성령님이 나의 연약함을 도우셔서 마땅히 기도할
바를 알지 못하나 오직 성령이 말할 수 없는
탄식으로 나를 위해 간구하여 주시옵소서.
나는 성령으로 세례를 받아 한 몸이 되었고 주님이
한 성령을 마시게 하셨습니다.
하나님의 성령이 내 안에 계신 것을 믿습니다.
예수님이 성령으로 기뻐하신 것처럼 내 영도
성령으로 기뻐하기를 원합니다.
성령 안에서 성령님을 의지하여 기도합니다.
성령님의 인도에 따라 성령님이 이끄시는 기도가
되게 하여 주시옵소서.
성령님이 주인 되시고 성령님이 지배하시는
성령의 기도가 되게 하여 주시옵소서.
성령님이 주장하시는 기도로 성령님이 원하시고
성령님의 뜻대로 마음껏 일하여 주시옵소서.

오직 성령이 내게 임하여 권능을 받고 예수님의 증인이 되어 살기를 원합니다.
보좌의 제단으로부터 임하는 성령의 불이 임하게 하여 주시옵소서.
성령님 내 마음과 생각을 열어 드립니다.
성령 받기를 기도합니다.
하늘로부터 임하는 진리의 성령님이 내 안에 임재하여 주시옵소서.
성령님이 임하셔서 내 생각과 마음을 가져가 주시옵소서.
성령님께 맡깁니다.
성령의 마음을 허락해 주시옵소서.
성령을 의지하여 기도합니다.
성령의 기름을 부어 주시옵소서.

성령님이 운행하시는 그 자리에 나도 있게 하여 주시옵소서.
성령께서 내 마음에 중심이 되어 기도합니다.

성령께서 나의 마음을 아시니 친히 간구하여
주시옵소서.
성령님이 하나님의 뜻대로 나를 위해 간구하여
주시옵소서.
성령님이 탄식하여 주시옵소서.
성령님이 중보하여 주시옵소서.
성령님이 주인 되어 주시옵소서.
성령의 힘으로 내 몸의 행실을 다스리고 살기를
원합니다.
성령의 옷을 입혀 주시옵소서.
성령과 믿음이 충만하게 하여 주시옵소서.
성령의 불로 덧입기를 간절히 소원합니다.
성령께서 간구하시는 기도의 향기가 하늘에 닿게
하여 주시옵소서.

성령님 내 심령에 임하여 주시옵소서.
오늘 하루를 성령으로 시작합니다.
성령의 불이 내 마음에 임하여 주시옵소서.

성령의 불이 내 생각에 임하여 주시옵소서.
성령의 불이 내 영혼에 임하여 주시옵소서.
성령의 불로 불로 불로 강력하게 임재하여 주시옵소서.
내 마음 밭에 성령의 뿌리가 내려져서 성령의 열매를 맺게 하여 주시옵소서.
성령을 믿음으로 마십니다.
생명수가 되게 하여 주시옵소서.
기도의 능력이 되게 하여 주시옵소서.
사랑의 능력이 되게 하여 주시옵소서.
성령의 불이 내 고집에 임하여 주시옵소서.
성령의 불이 내 교만에 임하여 주시옵소서.
성령의 불이 자기의에 임해주셔서 나는 없고 말씀으로 살기를 원합니다.
성령의 불이 구부러진 내 입술에 임하여 주시옵소서.
성령의 불이 구부러진 내 생각에 임하여 주시옵소서.

성령의 불이 구부러진 내 마음에 임하여
주시옵소서.
성령의 불이 안목의 정욕에 임하기를 원합니다.
성령의 불이 육신의 정욕에 임하기를 원합니다.
성령의 불이 이생의 자랑에 임하기를 원합니다.
성령의 불이 거짓된 내 입과 혀에 임하기를
간구합니다.

성령께서 기도의 능력이 되게 하옵시고 성령께서
기도의 간구가 되게 하여 주시옵소서.
하나님 오늘도 성령의 힘으로 성령의 능력으로
살기를 원합니다.
성령의 기도가 온유와 겸손이 되게 하여
주시옵소서.
성령의 기쁨으로 말씀을 받아 주를 본받는 자가
되기를 간구합니다.
성령의 불로 불로 불로 강력하게 임재하여
주시옵소서.

성령의 생명수를 내 영이 믿음으로 마십니다.
내 배에서 생수의 강이 흘러넘치게 하여
주시옵소서.
성령을 성령을 간구합니다.
성령으로 기도할수록 내 속사람이 빛나는 영체가
되게 하여 주시옵소서.
성령을 의지할수록 내 영은 더욱 강해지고
강건해짐을 믿습니다.
기쁨과 성령이 충만하게 하여 주시옵소서.
성령이 내 마음에 임하여 주시옵소서.
성령이 내 심령에 임하여 주시옵소서
성령이 내 생각에 임하여 주시옵소서.
성령이 내 영혼에 임하여 주시옵소서.
성령님을 환영합니다.
성령님을 내 마음에 초대합니다.
지금 내 마음에 오셔서 말씀해 주시옵소서.
주의 보혈로 깨끗하게 하시고 성령의 능력으로
새롭게 하여 주시옵소서.

성령님 내 마음을 잡아 주시옵소서.
성령님 내 마음에 오셔서 내 영을 새롭게 만져
주시옵소서.
성령님 내 생각을 잡아 주시옵소서.
성령님 내 감정을 잡아 주시옵소서.
성령께서 내 생각과 감정을 다스려 주시옵소서.
성령의 감동을 허락하여 주시옵소서.
보좌로부터 임하는 성령의 불이 나에게 임하기를
간절히 원합니다.
성령께서 나의 연약함을 도와주시옵소서.
성령님이 내 염려에 임하여 주시옵소서.
성령님이 내 구주 예수 그리스도로 말미암아
복음과 진리가 되게 하여 주시옵소서.
영원하신 성령님께서 내 양심을 죽은 행실에서
깨끗하게 하시고 살아계신 하나님을 섬기게 하여
주시옵소서.
성령님의 거룩하게 하심과 순종케하심으로 그의
나라와 의를 이루게 하시기를 소망합니다.

성령의 불이 내 마음을 치료하여 주시옵소서.
성령의 불이 내 생각을 치료하여 주시옵소서.
성령의 불이 내 상처를 치료하여 주시옵소서.

증거하시는 분은 성령이시니 성령은
진리이십니다.
지극히 거룩한 믿음 위에 자기를 건축하여
성령으로 기도하게 하여 주시옵소서.
성령의 불, 성령의 불, 말씀의 불, 말씀의 불을
원합니다.
믿음으로 간구합니다.
하나님의 영을 부어 주시옵소서.
소망으로 간구합니다.
회개의 영을 부어 주시옵소서.
내 마음을 다해 성령을 간구합니다.
귀 있는 자가 되어 성령이 저에게 하시는 말씀을
듣게 하여 주시옵소서.
위에서부터 성령을 부어주셔서 메마른 마음이

아름다운 생명의 밭이 되게 하여 주시옵소서.

성령님 안에서 거룩하게 되어 성령의 능력으로
역사하여 주시고 여호와의 영광이 내 마음 성전에
가득하게 하여 주시옵소서.
성령님 임재해 주시옵소서.
성령님의 의지대로 살게 해주시옵소서.
성령님께서 친히 나의 영과 더불어 내가 하나님의
자녀인 것을 증거하여 주시옵소서.
성령님이 주인 되시니 이 기도는 땅에 떨어지지
않습니다.
성령님께서 심는 기도가 되어 하늘에 영광이 되고
하나님이 기뻐하시는 기도가 됩니다.

성령님이 기도하시니 이 기도는 하늘에
상달됩니다.
성령님이 기도를 시작하셨으니 성령님이 이
기도를 이끌어 주시옵소서.

성령님이 친히 기도의 보증이 되게 하여
주시옵소서.
성령님께서 기도하게 하여 주시옵소서.
성령님께서 나의 입술을 대신하여 주시옵소서.
내 안에 계신 성령님으로 아름다운 것을 지키게
하여 주시옵소서.


살아계신 하나님을 믿으니 산 소망이 되게 하여
주시옵소서.
살아계신 하나님을 믿으니 산 믿음이 되게 하여
주시옵소서.
진리의 성령을 내려 주셔서 하나님의 뜻대로
기도하게 하여 주시옵소서.
믿음으로 성령을 간구합니다.
하나님께서 약속하신 성령을 간구합니다.
성령님 임재해 주시옵소서.
성령을 위해 심고 성령으로 영생을 거두게 하여
주시옵소서.

고난과 어려움 속에서도 복음을 전하고 영적
싸움을 하며 전진하고 전진하게 하여 주시옵소서.

성령님 오셔서 내 삶을 다스려 주시옵소서.
나의 죄를 인정하고 고백합니다.
회개의 영을 부어 주시옵소서.
성령께서 친히 탄식하시며 회개하게 하여
주시옵소서.
죄에서 자유하게 하여 주시옵소서.
성령의 불로 모든 죄를 태워 주시옵소서.
성령님 죄를 이길 수 있는 힘을 주시옵소서.
성령님 죄를 다스릴 수 있는 능력을 주시옵소서.
성령의 뜻대로 기도하고 성령의 뜻대로 말하고
성령의 뜻대로 살게 하여 주시옵소서.
하나님의 뜻대로 행하기를 원합니다.

성령의 약속을 받아 성령의 힘으로 믿음을 좇아
의와 소망을 기다립니다.

성령으로 충만하게 하여 주시옵소서.

성령으로 다스려 주시옵소서.

성령님께서 이끄시는 기도에 경건을 이루게 하여 주시옵소서.

거룩과 경건의 제단을 만들어 주시옵소서.

성령으로 행하여 육체의 욕심을 이루지 않게 하여 주시옵소서.

하늘의 불을 내려 주시옵소서.

성령으로 살고 성령으로 행하게 하여 주시옵소서.

성령으로 날마다 기도합니다.


성령으로 순종합니다.

인애와 진리가 되게 하여 주시옵소서.

성령으로 겸손합니다.

의와 화평이 되게 하여 주시옵소서.

성령으로 온유합니다.

성령으로 기뻐하고 성령으로 살게 하여 주시옵소서.

기도로 성령님과 동행하기를 원합니다.
성령님과 함께 기도하고 성령님과 만나는 기도가
되게 하여 주시옵소서.
성령을 성령을 간구합니다.
주의 성령이 내게 임하여 주시옵소서.
성령께서 나를 가르치시고 진리의 성령이 모든
진리 가운데 인도하여 주시옵소서.
성령이 충만하여 담대히 말씀을 전하게 하여
주시옵소서.
불의 사람이 되게 하여 주시옵소서.

영의 사람이 되게 하여 주시옵소서.
성령으로 살게 하여 주시옵소서.
느리게 가도 정직하게 살고 손해를 보아도 진리
안에 살게 하여 주시옵소서.
내 욕심을 포기하고 하나님의 나라를 세우게 하여
주시옵소서.
성령을 위해 살겠습니다.

내면의 거룩함을 이루어 주시옵소서.
성령님이 주시는 참 만족과 기쁨으로 살기를
원합니다.
성령님이 나의 생명입니다.
성령님이 나의 전부입니다.
오직 성령께서 나에게 임하여 주시옵소서.
나는 죽고 성령으로 살게 해주시옵소서.
감사하는 믿음으로 영적 절정에 이르게 하시고
사랑의 종착지로 나를 인도해 주시옵소서.

성령님이 계신 곳에 기쁨이 있습니다.
성령님이 계신 곳에 소망이 있습니다.
성령님이 계신 곳에 자유가 있습니다.
성령님이 계신 곳에 평강이 있습니다.
성령이 계신 곳에 감사가 있습니다.
좋은 것을 주신다고 약속하신 말씀을 이루어
주시옵소서.
성령을 성령을 간구합니다.

생각나는 말이 없어도 성령으로 내 속을
통찰하시어 심령의 회개를 이루어 주시옵소서.
상한 마음을 고쳐 주시고 깨진 마음을 고쳐
주시옵소서.
모든 두려움과 의심을 성령의 불로 태워
주시옵소서.
죄의 문턱에서 성령의 불바퀴가 되어 거뜬히
통과하게 하여 주시옵소서.
고난이 큰 만큼 하늘의 영광도 큰 것을 기억하여
감사하게 하여 주시옵소서.
성령님 영광 받아 주시옵소서.
성령의 능력 없이는 아무것도 할 수 없습니다.
성령을 부어 주시옵소서.
고난의 잔이 채워질 때 성령님이 영광 받아
주시옵소서.

눈물의 잔을 채웁니다.
고난의 잔을 십자가로 올려 드립니다.

오직 성령의 기도로 돌파하게 하여 주시옵소서.
내 영이 성령으로 세례를 받아 한 몸이 되었고
주님께서 한 성령을 마시게 하셨습니다.
사랑과 용서의 영을 주시옵소서.
성령 안에 있는 의와 평강과 희락을 주시옵소서.
성령을 믿음으로 마십니다.
내가 없는 참 겸손이 되게 하여 주시옵소서.
성령을 믿음으로 마십니다.
온유와 겸손이 되게 하여 주시옵소서.
성령을 믿음으로 마십니다.
팔복의 문이 내 삶에 영광이 되게 하여
주시옵소서.
성령을 믿음으로 마십니다.
인내와 절제가 되게 하여 주시옵소서.
성령을 믿음으로 마십니다.
영생하도록 솟아나는 생명수가 되게 하여
주시옵소서.

이 기도는 성령님이 간구하시는 기도가 되어
보좌에 상달되기를 원합니다.

오직 성령에 매여 살게 하여 주시옵소서.
성령님이 나를 이끄시고 주인 되어 주셔서 나를
가르쳐 주시옵소서.
성령의 불이 내 안에서 기름부음으로 임하기를
원합니다.
주의 영이 나를 들어 올려 성령으로 붙잡힌바
되기를 간구합니다.
여호와의 권능이 힘 있게 나를 감동하시고 성령의
권능을 부어 주시옵소서.
오직 성령이 내게 증언하여 결박과 환난이
찾아와도 더욱 굳건해지게 하여 주시옵소서.
그의 의와 복음을 위하여 밤낮 쉬지 않고 영의
기도로 살게 해주시옵소서.
성령에 사로잡힌 바대로 성령으로 살아가기를
원합니다.

보좌의 제단에서 임하시는 성령께 의지하여
예수님의 이름으로 간절히 기도합니다. (아멘)

하나님이 보내신 이는 하나님의 말씀을 하나니
이는 하나님이 성령을 한량 없이 주심이니라 _요 3:34

성결의 영으로는 죽은 자들 가운데서 **부활**하사
능력으로 하나님의 아들로 선포되셨으니
곧 우리 주 **예수 그리스도**시니라 _롬 1:4

# 보혈기도

성령이 거룩하게 하심으로 순종함과
**예수 그리스도의 피뿌림을 얻기 위하여** _벧전 1:2

하늘이 하나님의 영광을 선포하고
궁창이 주님의 손으로 하신 일을 나타낼 때에
내 영혼이 주님을 경배하고 소리 높여 찬양합니다.
예수님~ 나는 십자가에서 죽었습니다.
옛사람과 옛 습성이 죽었습니다.

예수님의 보혈을 내 속사람이 뿌리고 바르고
마십니다.
예수님의 보혈을 내 영혼에 뿌리고 바르고
덮습니다.
예수님의 살을 먹고 예수님의 피를 마시는 자는
영생을 가졌습니다.

예수님의 살을 먹고 예수님의 피를 마시는 자는
주님 안에 거하고 주님도 내 안에 거하게 됨을
믿습니다.
예수님의 보혈을 원합니다.
예수님의 피뿌림이 임하게 하여 주시옵소서.
예수님의 보혈을 의지하여 기도합니다.
보혈의 권세, 보혈의 권능, 보혈의 능력을
간구합니다.

성령으로 거룩하게 하심과 예수님의 피뿌림을
얻게 하여 주시옵소서.
예수님의 피를 내 마음에 뿌립니다.
예수님의 피를 내 심령에 뿌립니다.
예수님의 피를 내 영혼에 뿌립니다.
예수님의 피를 내 생각에 뿌립니다.
예수님의 피를 내 입술에 뿌립니다.
예수님의 피를 내 눈과 귀에 뿌립니다.

성령을 의지하고 예수님의 피를 의지하여
기도합니다.
예수님의 피뿌림이 내 속사람에게 임하여
주시옵소서.
예수님의 피뿌림이 내 교만에 뿌려집니다.
예수님의 피뿌림이 내 자아에 뿌려집니다.
예수님의 피뿌림이 자기의에 뿌려집니다.
예수님의 피뿌림이 내 염려와 근심에 뿌려집니다.
예수님의 피뿌림이 어리석은 의심에 뿌려집니다.
예수님의 피뿌림이 고집스런 불순종에
뿌려집니다.
예수님의 피뿌림이 내 모든 죄에 뿌려집니다.
예수님의 피의 권세로 모든 의심이 사라지고 강한
믿음이 되기를 원합니다.
예수님의 피의 권세로 주님이 원하시는 삶을 살게
해주시옵소서.
예수님의 피뿌림을 얻기 위하여 더욱 힘쓰고 애써
기도합니다.

내 영이 예수님의 피 옷을 입고 있습니다.
예수님의 피 옷을 입고 있는 자는 죄의 틈도
없어지게 됨을 믿습니다.
예수님께 내 자아를 내어 드리면 죄를 이길 수
있습니다.
내 영이 예수님의 피와 살을 믿음으로 먹습니다.
생명의 양식이 되고 생명수가 되게 하여
주시옵소서.
예수님의 피가 나를 살립니다.
예수님의 살이 나를 힘 있게 만듭니다.
예수님을 본받아 내 안에 사랑의 성전을 이루게
하여 주시옵소서.
예수님의 피가 내 온몸을 덮습니다.
내 몸을 하나님이 기뻐하시는 거룩한 산 제물로
드립니다.
내가 드리는 영적 예배를 받아 주시옵소서.
예수님의 피가 내 마음을 덮습니다.
내 마음을 드립니다.

예수님의 피가 내 심령을 덮습니다.

내 마음을 새롭게 함으로 변화 받아 하나님의
뜻대로 살게 해주시옵소서.
예수님의 고난의 잔과 보혈의 잔을 믿음으로
마십니다.
인내와 사랑의 잔이 되게 하여 주시옵소서.
주님의 뜻대로 말하고 주님의 뜻대로 기도하게
하여 주시옵소서.
이 기도가 하나님 앞에 기쁨이 되길 원합니다.

예수님의 피가 내 생각을 덮습니다.
십자가와 부활이 전부가 되는 영의 생각을
주시옵소서.
예수님의 피가 내 양심을 덮습니다.
깨끗하고 온전한 양심이 되게 하여 주시옵소서.
예수님의 피가 내 눈을 덮습니다.
보는 죄를 이기게 하여 주시옵소서.

보는 것이 내 생각과 마음에 죄가 되지 않게 하여
주시옵소서.
예수님의 피가 내 귀를 덮습니다.
듣는 죄를 이기게 하여 주시옵소서.
듣는 것이 내 생각과 마음을 사로잡아 죄에 묶이지
않게 해주시옵소서.
예수님의 피가 내 입술을 덮습니다.
말하는 죄를 이기게 하여 주시옵소서.
내 말 한마디가 말씀의 장식이 되기를 원합니다.
혀의 칼과 혀의 채찍으로 남을 살인하지 않게 하여
주시옵소서.
예수님의 피가 내 손과 발을 덮습니다.
예수님의 손과 발이 되어 섬기며 살게
해주시옵소서.
예수님의 보혈, 예수님의 보혈, 예수님의 피뿌림을
간구합니다.
내 눈의 들보를 먼저 보고 나를 돌아보게 하여
주시옵소서.

겸손한 마음을 주셔서 나의 부족함을 인정하고
살게 하여 주시옵소서.

십자가의 사랑을 믿습니다.
십자가의 사랑을 알게 하여 주시옵소서.
예수님의 부활을 믿습니다.
예수님의 부활이 나의 부활입니다.
예수님의 생명이 나의 생명입니다.
예수님의 사랑이 나의 사랑입니다.
예수님이 지신 고난의 십자가는 장차 내 상급과
면류관이 될 것입니다.
예수님의 눈물은 나의 눈물입니다.

예수님의 고난이 나의 고난이 되게 하소서.
예수님의 복음이 나의 복음이 되게 하소서.
예수님의 기쁨이 나의 기쁨이 되게 하소서.
예수님의 기도가 나의 기도가 되게 하소서.
예수님의 탄식이 나의 탄식이 되게 하소서.

예수님의 삶이 곧 나의 삶이 되게 하여 주시옵소서.

예수님, 예수님, 나의 주님, 내 영혼이 주님을
원합니다.
주님이 내 기도를 받아주시고 나를 만나
주시옵소서.
예수님의 생각이 나의 생각이 되고
예수님의 계획이 나의 계획이 되고
예수님의 마음이 나의 마음이 되기를 원합니다.
예수님의 눈이 나의 눈이 되어 보고
예수님의 귀가 나의 귀가 되어 듣고
예수님의 입술이 나의 입술이 되어 살기를
원합니다.
예수님의 손이 되어 섬기고 예수님의 발이 되어
낮은 자를 섬기게 하여 주시옵소서.
예수님처럼 섬기는 자세로 지배하려 하지 않고
겸손의 겉옷을 입고 주님의 영광에만 주목하게
하여 주시옵소서.

믿음으로 선을 행하여 생명의 부활이 되게 하여 주시옵소서.

믿음이 완성되는 기도를 간구합니다.

내 의지는 하나님의 것입니다.

내 의지는 주님이 주셨습니다.

하나님이 뜻하신 대로 써 주시옵소서.

예수 그리스도, 예수 그리스도, 주님의 삶이 나의 삶이 되기를 간구합니다.

예수님이 나의 주인이십니다.

예수님이 나의 전부가 되게 하여 주시옵소서.

예수님이 생각하신 대로 생각하고 예수님이 사신 대로 살게 하여 주시옵소서.

예수님이 기도하여 주시옵소서.

예수님이 중보하여 주시옵소서.

예수님이 간구하여 주시옵소서.

예수님이 내 마음에 중심이 되어 기도합니다.

예수님의 기도가 되어 하늘에 상달됩니다.

예수님의 기도가 되어 땅에서 열매가 됩니다.
예수님의 기도가 되어 땅에서 소금이 됩니다.
예수님의 기도가 되어 영원한 빛과 상급이 되기를 간구합니다.
예수님의 보혈을 주시옵소서.
예수님이 주시는 보혈의 피를 내 영혼이 마십니다.
예수님의 보혈이 나의 생명이 됩니다.
예수님, 예수님, 내 마음에 오셔서 나를 새롭게 하여 주시옵소서.
예수님의 이름만 있게 하여 주시옵소서.
예수님께서 간구하시는 기도의 향기가 하늘에 닿게 하여 주시옵소서.
기도와 겸손한 생활로 천국에서 큰 영광의 준비가 되게 하여 주시옵소서.
예수님, 예수님, 나의 주님, 내 마음에 오시옵소서.
나의 주인이 되어 주셔서 나를 다스려 주시고 나를 간섭해 주시옵소서.

보혈의 능력을 믿습니다. 보혈의 잔을 채워 주시옵소서.
오직 보혈만이 능력이요, 권세입니다.
예수님의 피를 내 상처에 뿌립니다.
예수님의 피를 내 쓴 뿌리에 뿌립니다.
상처와 쓴 뿌리가 보혈의 권세로 사라지게 해주시옵소서.

예수님의 피의 권세로 상하고 지친 나를 일으켜 세워 주시옵소서.
예수님의 피가 내 영혼을 덮습니다.
예수님의 피의 권세로 내 영혼이 더욱 깨끗해지기를 원합니다.
예수님의 피를 내 모든 삶에 뿌리고 바르고 덮습니다.
가는 곳마다 보는 것마다 듣는 것마다 피의 흔적이 되게 하여 주시옵소서.

어둡고 후미진 내 삶에 보혈의 빛을 비춰
주시옵소서.
죄의 흔적을 완전히 없애고 오직 거룩과 성결한
삶으로 바꿔주시옵소서.

죄를 완전히 이기고 다스리게 하여 주시옵소서.
죄가 나를 원하나 내 지체를 내어 주지 않기를
원합니다.
예수님의 이름으로 승리하기를 원합니다.
예수님의 이름으로 순종하게 하여 주시옵소서.
예수님의 이름으로 죄를 버립니다.

보혈의 권세로 살게 해주시옵소서.
예수님의 겸손을 본받아 겸손의 옷을 입고
순종하며 살겠습니다.
하나님의 뜻을 이루는 기도가 되기를 간구합니다.
부활의 믿음을 가지고 살게 해주시옵소서.
기도로 예수님과 동행하기를 원합니다.

이 기도가 열매가 되고 내 삶에 실상이 되게 하여
주시옵소서.
예수님의 이름으로 고집을 버립니다.
온유해지게 하여 주시옵소서.
예수님의 이름으로 교만을 버립니다.
겸손해지게 하여 주시옵소서.
예수님의 이름으로 거짓을 버립니다.
진실하게 하여 주시옵소서.
예수님의 이름으로 음란을 버립니다.
정결하고 깨끗하게 만들어 주시옵소서.
예수님의 이름으로 세상 욕심을 버립니다.
하늘의 것으로 채워 주시옵소서.


예수님의 피, 예수님의 피를 믿고 의지합니다.
예수님의 이름으로 더러워진 내 마음을 드립니다.
정결한 마음으로 바꿔 주시옵소서.
예수님의 이름으로 세상적인 생각을 내어 드립니다.
영의 생각으로 바꿔 주시옵소서.

예수님의 이름으로 거짓된 양심을 드립니다.
깨끗한 양심으로 바꿔 주시옵소서.

예수님의 이름으로 내 시간을 드립니다.
하늘의 보화가 되게 하여 주시옵소서.
예수님의 이름으로 내 삶을 드립니다.

하늘의 칭찬이 되는 영원한 상급이 되게 하여
주시옵소서.
예수님과 동행하여 매 걸음마다 하늘의 영광이
임하기를 원합니다.
기쁨과 평안을 누리는 거룩한 두려움을
주시옵소서.
그리스도의 심판대가 순수한 기다림이 되게 하여
주시옵소서.
가장 큰 고난과 가장 큰 위험이 있는 곳이 가장
큰 상으로 인도하는 길임을 기억하게 하여
주시옵소서.

더 많은 믿음으로 주님을 더 의지하여 온전한
전진을 하게 하여 주시옵소서.
예수님이 이기시고 부활하신 것을 믿습니다.
승리하는 삶을 살게 하여 주시옵소서.
이기는 자가 되어 이기는 자의 상을 받게 하여
주시옵소서.


예수님이 흘려주신 보혈의 피가 내 속에 있는 죄의
찌꺼기까지 소멸해 주시옵소서.
내 자아는 십자가에서 죽고 보혈의 생명이
살아나기를 간구합니다.
보혈의 권세와 그리스도의 부활을 온전히 믿고
부활의 믿음으로 살기를 원합니다.
보혈의 권세와 성령의 능력이 지성소의 문을
열어내는 자격이 되게 하여 주시옵소서.
그리스도 안에서 보혈의 권세로 살게
해주시옵소서.

예수님의 살을 먹고 예수님의 피를 마시는 자는 주님 안에 거하고 사는 것임을 믿습니다.
예수님의 살을 먹고 주님의 피를 마신 저는 영생을 가졌고 마지막 날에 주님이 저를 다시 살리실 것입니다.
내 죄악을 발로 밟으시고 내 모든 죄를 깊은 바다에 던져주신 예수님의 보혈을 의지하여 예수님 이름으로 기도합니다. (아멘)

예수께서 이르시되 **내 살을 먹고 내 피를 마시는 자는 영생을 가졌고 마지막 날에 내가 그를 다시 살리리니 내 살을 먹고 내 피를 마시는 자는 내 안에 거하고 나도 그의 안에 거하나니** _요 6:54,56

# 대적기도

예수께서 말씀으로 귀신들을 쫓아내시고 _마 8:16
내가 너희에게 악한 원수의 모든 능력을 **제어할 권능을
주었으니** <u>너희를 해칠 자가 결코 없으리라</u>

_눅 10:19

너희는 하나님께 복종할지어다. 마귀를 대적하라.
그리하면 너희를 피하리라. 하나님을 가까이하라.
그리하면 너희를 가까이하시리라.

하나님의 말씀을 선포할 때 주님의 영광을 보게
하여 주시옵소서.
주님의 위대하심을 내 입술로 선포하여 마귀를
대적하겠습니다.
선포되는 말씀마다 능력이 되어
주의 뜻을 이루게 하여 주시옵소서.

이 시간 이 기도를 방해하는 악한 영들아
예수님의 이름으로 결박되고 예수님의 이름으로
떠나가라.
내 기도의 입술을 잡고 있는 미련한 영들아
예수님의 이름으로 결박되고 예수님의 이름으로
떠나가라.
내 생각 속에 숨어있는 악한 영들아
예수님의 이름으로 묶임 받고 예수님의 이름으로
떠나가라.
내 마음을 다루고 있는 악한 영들아
예수님의 이름으로 묶임 받고 예수님의 이름으로
떠나가라.
내 기분과 감정에 있는 연약함의 영들아
예수님의 이름으로 묶임 받고 예수님의 이름으로
떠나갈지어다.
내 생각과 마음을 흔드는 혼란한 영들아
예수님의 이름으로 묶임 받고
예수님의 이름으로 떠나갈지어다.

내 양심을 속이는 거짓의 영들아
예수님의 이름으로 묶임 받고 예수님의 이름으로
떠나갈지어다.
나에게 불안과 반항심을 주는 악한 영들아
예수님의 보혈, 예수님의 피, 성령의 검으로
전멸될지어다.
말씀의 검, 성령의 불 칼로 소멸될지어다.

교만을 주는 넘어짐의 영들아
예수님의 이름으로 떠나가라.
고집을 주는 견고한 진들아
예수님의 이름으로 무너져라.
자랑을 주는 헛된 영들아
예수님의 이름으로 떠나가라.
욕심을 주는 이기적인 영들아
예수님의 이름으로 떠나가라.
걱정을 주는 비겁한 영들아
예수님의 이름으로 떠나가라.

자기의를 주는 더러운 영들아
예수님의 이름으로 떠나가라.
세상 쾌락을 주는 즐김의 영들아
예수님의 이름으로 떠나가고 떠나갈지어다.
유혹을 주는 미혹의 영들아
예수님의 이름으로 무너져라.
의기소침을 주는 실망의 영들아
예수님의 이름으로 사라져라.
험담을 주는 비판의 영들아
예수님의 이름으로 끊어져라.
음란을 주는 정욕의 영들아
예수님의 이름으로 무력화될지어다.
질병을 주는 질고의 영들아
예수님의 이름으로 파멸될지어다.
의심을 주는 거짓의 영들아
예수님의 이름으로 차단될지어다.
거짓을 주는 속임의 영들아
예수님의 이름으로 없어질지어다.

불순종을 주는 고집의 영들아
예수님의 이름으로 붕괴될지어다.
죄의 쓴 뿌리들아 죄의 열매들아
예수님의 이름으로 흔적도 없이 사라질지어다.
모든 죄는 예수님의 이름으로 결박 받고 예수님의
이름으로 소멸될지어다.
나는 왕의 자녀가 되어 하늘의 존귀를 가진 영광된
신분임을 선포하노라.
나는 보혈의 피로 구원받아 하늘에 속해 있는
성도임을 믿습니다.
예수 그리스도의 이름으로 악한 영들을
대적합니다.
예수님의 이름이 나에게 권세가 되어 귀신들도
항복하고 떠나갑니다.
예수님의 이름이 선포될 때 마귀가 하늘로부터
번개같이 떨어집니다.
예수님, 예수님, 나의 주님, 마귀를 이길 수 있는
힘을 주시옵소서.

성령님, 성령님, 이 모든 악한 영들을 성령의 불로
태워 주시옵소서.
기도의 힘, 기도하는 능력으로 채워 주시옵소서.
원수의 모든 능력을 제어할 권능을 더 크게 부어
주시옵소서.
성령 안에서 나를 해칠 자가 결코 없음을
믿습니다.

성령의 옷을 입혀 주시옵소서.
보혈의 옷을 입혀 주시옵소서.
기도의 옷을 입혀 주시옵소서.
말씀의 옷을 입혀 주시옵소서.
구원의 옷과 세마포를 입혀 주시옵소서.
예수님의 보혈을 의지하고 성령을 의지합니다.
이 기도를 통하여 하늘의 능력을 받고 하나님의
축복을 받게 될 것을 믿습니다.
예수님이 십자가에서 피 흘리심으로 마귀의
머리를 상하게 하셨습니다.

사탄의 머리를 으깨시고 가루처럼 잘게 부숴
놓으셨습니다.
모든 통제권이 하나님께 있사오니 승리의 확신을
가지고 살겠습니다.
마귀는 하나님의 손아래 허락된 것만 할 수 있는
나약한 피조물일 뿐입니다.
그러므로 두려워하지 않고 근심하지 않겠습니다.
예수님이 십자가에서 승리하셨으므로 나도 자녀
된 권세로 이길 수 있음을 믿습니다.
하나님을 일 순위로 못하게 만드는 세상의 일들아
예수님의 이름으로 명하노니 영원히 소멸될지어다.
두 마음을 품게 만드는 악한 영들아
예수님의 이름으로 명하노니 즉시 떠나갈지어다.
급한 마음과 조급한 생각을 주는 서두름의 영들아
예수님의 이름으로 떠나가라.
화를 만드는 감정의 영들아
예수님의 이름으로 소멸될지어다.

화내고 다툼을 주는 갈등의 영들아
너희들의 정체를 알고 있다.
예수님의 이름으로 소멸될지어다.
안일한 생각을 주는 나태함의 영들아
예수님의 이름으로 사라질지어다.
열등감을 주는 비교의 영들아
예수님의 이름으로 흩어질지어다.
과거의 상처를 생각나게 하는 상처의 영들아
예수님의 이름으로 떠나갈지어다.
과거의 죄악된 기억을 생각하게 만들어 나에게
자책감을 주는 후회의 영들아
예수님의 이름으로 묶임 받고 예수님의 피권세로
떠나갈지어다.
예수님의 이름으로 명하노니 모든 죄의 눌림에서
해방될지어다.
막혔던 모든 관계가 풀어지고 해결될지어다.
자존심을 붙잡으면 마귀를 붙잡는 것이고 상처를
취하면 마귀를 취하는 것입니다.

외로움을 주는 슬픔의 영들아
예수님의 이름으로 영원히 떠나갈지어다.
거절당해서 온 기분 나쁨의 영들아
예수님의 이름으로 떠나갈지어다.
사사로운 기분을 만드는 감정의 영들아
예수님의 이름 앞에서 사라질지어다.
판단과 정죄를 주는 참소의 영들아
예수님의 이름으로 끊어질지어다.
낙심을 주는 실망의 영들아
예수님의 이름으로 전멸될지어다.
원망과 불평의 영은 예수님의 이름으로 내 생각과 입술에서 완전히 소멸될지어다.
우울의 영은 예수님의 이름으로 없어질지어다.
시기의 영은 예수님의 이름으로 떠나갈지어다.
게으름의 영은 예수님의 이름으로 사라질지어다.
질투의 영은 예수님의 이름으로 무력화될지어다.
비관과 낙담의 영은 예수님의 이름으로 지금 즉시 떠나갈지어다.

나는 예수님의 핏 값으로 산 하나님의 자녀다.
마귀를 대적하라. 그리하면 너희를 떠나리라.
아멘. 아멘. 아멘.


막혔던 모든 것들이 예수님의 이름으로 뚫어지고
풀어지고 해결될지어다.
묶였던 견고한 진들아
보혈의 피로 무너지고 부서질지어다.
내 앞길을 막아 안 되게 만드는 저주의 영들아
예수님의 이름으로 명하노니 떠나가고
사라질지어다.
하나님이 주신 말씀을 굳게 믿고 선포합니다.
미움을 주는 시기의 영들아
예수님의 이름으로 소멸될지어다.
나는 예수님의 마음으로 모든 사람들을 용서하고
사랑하며 화평하고 관용할 것이다.
하나님의 자녀로 살아갈 것이다.

다툼을 주는 마귀, 사탄, 귀신들아
예수님의 이름으로 묶임 받고 영원한 무저갱으로
떠나갈지어다.
하나님을 예배치 못하게 만드는 악한 세력은
소멸될지어다.
속사람과 겉사람의 질병은 예수님의 이름으로
치유될지어다.
모든 스트레스는 예수님의 이름으로 해방되고
자유할지어다.
굽히지 않고 완악함을 주는 고집스런 영들아
예수님의 이름으로 떠나갈지어다.
내 영의 눈은 오직 하나님만 바라볼지어다.
내 영의 귀는 오직 주님의 음성만 들을지어다.
내 영의 코는 하나님이 주시는 생기만 마실지어다.
내 영의 입은 생명수 샘물이 되어 살리는 말만
할지어다.
내 영의 생각은 하늘의 것과 영원한 것으로 가득
채워질지어다.

내 속사람 머리 위에 성령의 불이 강하게 임하여
주시옵소서.
선포할 때마다 불의 능력이 나가게 하여
주시옵소서.
모든 악한 영들아 내 마음과 생각에서 완전히
떠나갈지어다.
갈등과 문제를 주는 다툼의 영들아
예수님의 이름으로 즉시 떠나가라.
조상으로부터 온 대물림의 영들아
예수님의 이름으로 즉시 떠나가라.
나에게 짜증과 화를 주는 악한 영들아
예수님의 이름으로 지금 즉시 사라져라.
모든 인생의 문제는 예수님의 이름으로 완전히
해결될지어다.
모든 재정의 문제는 예수님의 이름으로 완전히
풀릴지어다.
모든 미래의 불안은 예수님의 이름으로 완전히
평안해질지어다.

나를 지치게 하는 모든 무거운 짐은 예수님의
이름으로 가벼워질 것입니다.
내 마음을 답답하게 만드는 모든 것들이
보혈의 권세로 시원하게 해결될 것입니다.
보혈과 성령을 의지한 영의 기도는 주님과 하나
되어 모든 문제를 풀어줄 것입니다.

긴장과 압박을 주는 악한 영들아
예수 그리스도의 이름으로 명하노니 지금 있는
곳에서 무저갱으로 떠나갈지어다.
나에게 눌림을 주는 저항의 영들아
예수님의 이름으로 영원한 결박을 받을지어다.
기분 나쁜 감정을 주는 악한 영들은 예수님의
이름으로 떠나갈지어다.
슬픈 감정을 주는 속임의 영들은 예수님의
이름으로 사라질지어다.
과거의 생각과 고통은 예수님의 이름으로
끊어질지어다.

내 주변에 있는 모든 악한 영들은 지금 즉시
예수님의 이름으로 흩어질지어다.
내 건강을 해치는 질병의 영들은 예수님의
이름으로 끊어질지어다.
남에게 들은 부정적인 말을 예수님의 이름으로
거부한다.
내가 하고 싶은 모든 죄의 욕구를 예수님의
이름으로 거절한다.

타인의 말로 들어온 불안의 영들아
보혈의 권세로 떠나갈지어다.
마귀가 주는 세상의 인정과 성공의 욕심을
저버립니다.
마귀가 가져다주는 거짓된 허상과 누림을
예수님의 이름으로 대적합니다.
마지막에 불타 없어질 세상 것에 마음을 두지 않게
하여 주시옵소서.

서운한 생각을 품게 하여 미워하게 만드는 악한
영들아 예수님의 이름으로 완전히 떠나갈지어다.
억울함과 답답함을 주는 분노의 영들아
예수님의 이름으로 떠나갈지어다.
나에게 상황과 조건을 만들어서 내면의 상처를
주는 마귀 사탄 귀신의 세력들아
예수님의 이름으로 명하노니 상처가 없었던
온전한 마음 상태로 돌려놓을지어다.
예수님의 이름으로 명하노니 다시는 내 앞에
과거의 기억을 가져다 놓지 못할지어다.
사람들의 대화를 타고 들어온 불안과 잘못됨의
영들아 예수님의 이름으로 떠나갈지어다.
내 입술에 있는 비난과 비방의 칼들아
예수님의 이름으로 다 부러질지어다.
내 입술에 있는 험담의 말들아 허물을 덮어주시는
예수님의 이름으로 무력화될지어다.
쉬지 않는 악이요, 죽이는 독이 가득한 혀의
죄들아 성령의 불로 완전히 다 태워질지어다.

내 삶에 평안을 깨뜨리는 불안정한 영들아
예수님의 이름으로 명하노니 무저갱으로
던져질지어다.
돈의 압박, 일의 압박, 인간관계의 압박을 주는
눌림의 영들아
예수님의 이름으로 명하노니 지금 즉시
떠나갈지어다.
내 혀의 말 한마디가 마귀에게 죄의 틈을 열어주는
문이 되지 않기를 간구합니다.
예수 그리스도의 신부 된 말과 행함으로 살게 하여
주시옵소서.

마귀를 이길 수 있는 제단의 불을 내려
주시옵소서.
성령의 갑옷을 입고 마귀를 대적하여 넉넉히
이기게 하여 주시옵소서.
마귀는 십자가의 사랑과 희생을 이기지 못하고
고꾸라졌습니다.

예수님의 말씀 앞에서 마귀의 머리는 산산이
부서졌습니다.
예수님의 이름이 능력입니다.
예수님의 권세는 나의 것입니다.
예수님을 의지합니다.
오늘도 예수님과 동행하고 성령을 의지하여
기도합니다.
예수님이 흘리신 보혈의 힘과 부활의 권세를 믿고
예수님의 이름으로 간절히 기도합니다. (아멘)

죄를 짓는 자는 마귀에게 속하나니 마귀는 처음부터
범죄함이라 하나님의 아들이 나타나신 것은 **마귀의
일을 멸하려 하심이라** _요일 3:8

# 회개 기도

만일 우리가 우리 죄를 **자백하면** 그는 미쁘시고
의로우사 우리 죄를 사하시며 우리를 모든 불의에서
깨끗하게 하실 것이요 _요일 1:9

예수님께서 흘려주신 생명의 보혈로 회개의 문을
열어 주시옵소서.
하늘문을 열어 주시고 보혈의 제단에 보혈의 피를
뿌려 주시옵소서.
회개의 영을 부어 주셔서 죄 씻음 받기를
원합니다.
예수님의 보혈을 의지합니다.

주 예수님 나를 불쌍히 여겨 주시옵소서.
하나님이 원하시는 뜻대로 회개할 수 있게
도와주시옵소서.

성령님이 말할 수 없는 탄식 가운데 회개의 불을
내려 주시옵소서.
예수 그리스도의 피뿌림이 내 속사람에게
뿌려지기를 원합니다.
하나님이 내 영혼을 건지시고 주의 보혈로 나를
구원하여 주시옵소서.
성령의 불이 임하는 회개를 허락해 주시옵소서.
예수님 안에 있는 생명과 성령의 법이 죄와 사망의
법에서 나를 해방하여 주시옵소서.
예수님은 하늘과 땅의 모든 권세가 있으십니다.
예수님은 세세토록 살아 계시고 사망과 음부의
열쇠를 가지신 참하나님이십니다.
죄를 사하시는 권세와 천국의 열쇠를 쥐고 계신
예수님의 보혈이 생명임을 믿습니다.
내 악함을 회개하고 주께 기도하오니 마음에 품은
죄를 사하여 주시옵소서.
회개하는 기도가 아름다운 향연이 되어 하나님
앞에 상달되기를 원합니다.

내 기도를 들으시고 내 회개를 기억하여
주시옵소서.
하나님께 기도하지 않아서 교만했던 죄를 용서해
주시옵소서.
기도하지 않아서 순종하지 못한 죄를 지었습니다.
기도하지 않는 죄는 영적인 교만입니다.
기도하지 않는 죄는 가장 고집스러운 완악한
죄입니다.
거역하는 것은 점치는 죄와 같고 고집 피우는 것은
우상숭배가 됩니다.
거역과 고집을 용서해 주시고 순종하는 마음을
주시옵소서.
육의 생각으로 기도한 죄를 용서해 주시옵소서.
혼으로 기도하고 감정으로 기도하여 성령님을
근심하게 만든 죄를 용서해 주시옵소서.


정욕으로 쓰려고 내 방식대로 잘못 구한 죄도
있습니다.

사람의 정욕을 따르며 살았고 육체의 남은 때를 죄
가운데 살아서 시간을 낭비했습니다.
내 감정과 경험을 의존하며 산 죄를 용서하여
주시옵소서.
기도하는 동안 생기는 자기의를 용서해 주시옵소서.
겉으로는 아니라고 하였어도 마음으로는
인정받으려고 한 자기의를 용서해 주시옵소서.
나 좀 알아줬으면 하는 숨겨진 자기의가 내 안에
있습니다.
사람 의식하며 살아온 죄를 용서해 주시옵소서.
죄 앞에 항상 넘어지며 해도 해도 안 되는 나를
불쌍히 여겨 주시옵소서.
끝났다고 생각할 그때가 주님이 가장 가까이 계실
때인 것을 알게 하여 주시옵소서.
넘어진 그 장소에서 주님 손을 붙잡고 다시 일어설
수 있는 힘을 주시옵소서.
넘어진 그 자리가 겸손의 자리가 되고 거룩을
이루는 장소가 되기를 원합니다.

내가 휘두른 혈기가 죄의 채찍이 되어 남에게
상처를 준 죄를 용서해 주시옵소서.
땅 위의 것, 정욕의 것, 귀신의 것을 추구하며 산
죄를 용서해 주시옵소서.
죄의 정욕이 나에게 역사하여 스스로 사망의
열매를 맺고 살았습니다.
영혼을 거슬러 싸우는 육체의 정욕을 제어하는
능력을 주시옵소서.
세상이 주는 즐거움으로 일삼고 가증스럽게 남을
미워하며 살았습니다.
향락을 좋아하여 살았으나 죽은 삶을 살아왔습니다.
쾌락과 향락과 돈을 좇아 살아온 죄를 용서해
주시옵소서.
예수님의 보혈로 내 이름이 하늘에 기록된 것으로
감사하며 살겠습니다.
아무리 좋아 보여도 죄이면 다 갖다 버리게 하여
주시옵소서.

기도 없이 나 자신을 믿고 스스로 해결하려고 한
영적인 교만과 육적인 교만을 용서해 주시옵소서.
믿음 없이 보고 듣고 생각하며 행동한 모든 죄를
용서해 주시옵소서.
기도로 시작하지 않고 기도로 마치지 않은 방종을
용서해 주시옵소서.


말씀을 듣기만 하고 행하지 않아 자신을 속이며
살아왔습니다.
믿기만 하면 구원받는다는 불완전한 신앙으로
순종하지 않았습니다.
한 번 구원은 영원한 구원이라고 속단하며
내가 주인 되어 마음대로 살아온 죄를 용서해
주시옵소서.
예수님이 나의 죄 때문에 자신을 버리사
십자가의 희생으로 나를 구원해 주셨는데도
저는 믿기만 하면 천국 간다는 비겁한 신앙으로
변명하며 살아왔습니다.

이제는 믿음과 삶의 행실로 하나님의 말씀을
순종하며 살겠습니다.
기도하지 못해서 영권 없이 살고 하나님의 영광을
가렸습니다.
이제부터는 모든 일에 겸손히 기도로 시작하여
기도로 마치겠습니다.
내 영혼을 돌보지 않은 영적인 게으름을 용서하여
주시옵소서.
내 마음을 돌보지 않은 영적인 무기력함을
용서하여 주시옵소서.
내 생각을 돌보지 않은 영적인 나태함을 용서하여
주시옵소서.
내 생각을 관리하지 않고 불의로 마음을
더럽혔습니다.
내 마음을 관리하지 않고 불의로 심령을
더럽혔습니다.
예수님의 십자가 보혈로 용서해 주시옵소서.
예수님의 보혈, 보혈, 보혈을 원합니다.

내 입술을 관리하지 않고 불의로 온몸을
더럽혔습니다.
이제부터는 입을 열면 사랑을 베풀고 내 혀로
인애의 법을 말하며 살겠습니다.
예수님이 주시는 보혈의 능력과 존귀로 옷을 삼고
살겠습니다.
하나님께 기도하여 내 자유의지를 내어 드리고
말씀대로 살게 하여 주시옵소서.
내 유익에 따라 사람들을 배신하며 조급하게
살았습니다.
자기중심적인 생각으로 자만했고 쾌락을 추구하며
산 죄를 용서해 주시옵소서.
경건의 모양은 있었으나 경건한 삶은 살아내지
못했습니다.
알게 모르게 지은 죄, 꿈에서 지은 죄, 의식적으로
지은 죄, 눈으로 지은 죄, 귀로 지은 죄, 입술로
지은 죄, 손과 발로 지은 죄, 몸으로 행한 모든 죄를
예수님의 십자가 피로 용서하여 주시옵소서.

말하는 것, 보는 것, 듣는 것, 가는 곳을 절제하지
못하며 살아왔습니다.
먹지 말아야 할 것을 먹었고 가지 말아야 할 곳을
가고야 말았습니다.
선한 것을 좋아하지 않고 도리어 악한 생각과 악한
일을 저지른 죄를 용서해 주시옵소서.
나를 사랑하고 타인은 비방하며 교만과 자랑을
일삼은 죄를 용서해 주시옵소서.
삶의 손을 깨끗하게 하지 않고 양심을 속이며
살아왔습니다.
세상 반 신앙 반을 오가며 두 마음을 품고 살아온
죄를 보혈로 용서해 주시옵소서.
죄로 인해 애통해하며 눈물로 고백하며
기도합니다.
내 웃음을 애통으로, 내 즐거움을 근심으로 바꾸는
진정한 회개를 원합니다.
주 앞에서 낮추고 또 낮추는 삶을 살게 하여
주시옵소서.

주님이 나를 공의 가운데 높여 주시는 그날까지
온유와 겸손의 띠를 매고 내려가는 삶을 살게
해주시옵소서.
나의 거룩하지 못한 말과 행동 때문에 주님의
이름이 거룩히 여김을 받지 못하였습니다.
이 어리석은 죄인을 용서하여 주시옵소서.
이 곤고한 죄인을 보혈의 빛으로 비춰 주시옵소서.
보혈의 빛이 내 생각을 비추어 주시옵소서.
내 마음을 비추고 내 심령을 비추어 주시옵소서.
말세에 고통 하는 때는 나의 죄에 대한 영적인
고통입니다.

어리석은 죄에 참여하지 않게 해주시옵소서.
죄인들의 회중을 거부하여 죄인들의 재앙을 받지
않기를 원합니다.
하나님의 무서운 진노의 잔을 마시지 않게 하여
주시옵소서.

온전하게 회개할 때마다 내 영이 찬란한 빛의 옷을
입게 하여 주시옵소서.
나의 이름이 생명책에 기록되는 은혜를 내려
주시옵소서.
사망과 음부가 불못에 던져질 때 나의 영은
천국에서 해 같이 빛나게 하여 주시옵소서.
말씀을 실천하지 못할 것 같아서
일부러 성경을 보지 않고 산 적도 있습니다.
하나님의 뜻을 알고도 준비하지 않고
주님의 뜻대로 살지 못했습니다.
알지 못하고 맞을 일을 행한 이 죄인을 용서해
주시옵소서.
더 많이 받은 자로서 순종하며 살지 못한 죄를
보혈의 피로 용서해 주시옵소서.
하나님께 회개하오니 신실하지 못한 자가 받는
벌을 면하여 주시옵소서.
먹고 마시며 허송세월을 보내온 지난날을
회개합니다.

술 취하여 헛된 말을 하고 세상에 취하여 세상
방식대로 살아왔습니다.
마음 놓고 살아왔고 몸이 원하는 대로 죄지으며
정욕대로 살았습니다.


주님 내 영혼을 더럽힌 죄악을 보혈의 피로 깨끗이
씻어 주시옵소서.
이제부터 죄를 버리는 종이 되어 하나님 나라에서
으뜸 되는 자로 살게 하여 주시옵소서.


내 가치관을 버리고 세상의 방식을 버리고 살기를
원합니다.
마귀가 주는 세상 껍데기에 가려 살지 않게 하여
주시옵소서.
내 마음의 가죽을 벗기고 내 생각의 찌꺼기를
버리고 살게 하여 주시옵소서.
주님이 땅에 불을 던지러 오셨사오니 내 심령에
먼저 그 불을 던져주시옵소서.

성령의 뜨거운 불을 받아 내 마음이 복음의
열정으로 가득 차기를 원합니다.
예배를 드리고 말씀을 듣고 선을 행할 줄 알면서도
행하지 않았습니다.
행함 없는 믿음과 사랑이 없는 믿음을 용서해
주시옵소서.
말씀을 알고도 희생이 두려워 불순종한 죄를
용서해 주시옵소서.

이제부터는 순종은 속히 하고 죄에는 미련하게
살겠습니다.
주님을 믿으면서도 내가 아프고 손해 보는 것에만
집중했습니다.
주님을 믿으면서도 내가 힘든 것에만 이기적으로
생각했습니다.

저는 어리석게도 안정될수록 움켜쥘수록 더 많은
죄를 짓고 말았습니다.

죄의 탐욕과 자아가 온전히 죽지 못한 것을
예수님의 십자가의 보혈로 용서해 주시옵소서.
하나님의 일을 내 열심과 내 의로 했던 죄를
용서해 주시옵소서.
내 목적을 위하여 사람들을 이용하고 내 욕심으로
나를 돋보이기 위해 예수님의 이름마저 사용하고
살아왔습니다.
하나님의 영광을 가로채고 내 의를 높인 교만을
용서해 주시옵소서.
사람들의 칭찬으로 나를 교만하게 만들고 그
칭찬이 우상이 되어 높임을 받은 가장 어리석은
교만한 죄를 용서해 주시옵소서.
이제부터는 하나님의 열심으로 일하고
성령으로 봉사하며 하나님의 의로 살아가도록
힘쓰겠습니다.
주님 오실 날이 가까웠는데도 세상에 빠져
즐기고 생활의 염려를 하며 성령님을 근심하게
만들었습니다.

지금부터는 정신을 차리고 근신하여 기도로 깨어
있겠습니다.
성령의 기름을 준비하겠습니다.
보혈을 의지하여 내 죄악을 자백하고 모든 죄를
던져 버리겠습니다.
하나님께서 저를 불쌍히 여겨 주시옵소서.
탐욕과 정욕의 죄도 버립니다.
비워진 자리에 성령으로 채워 주시옵소서.
하나님께 헌금을 드린다고 하면서도 눈먼
희생제물을 바쳤습니다.
저는 것과 가치 없는 것을 드려 악을 행하였습니다.
이제부터는 믿음의 제물을 드리고 온전한 내 삶을
드리겠습니다.
주님이 기뻐하시면 나도 함께 기뻐하겠습니다.
회개의 제물을 내 삶의 열매로 드리게 하여
주시옵소서.
헛된 것을 따라 헛되이 말하고 행한 죄를 용서해
주시옵소서.

사람을 의지하고 헛되이 도움을 바라며
살아왔습니다.
사람의 전통을 교훈 삼아 잘못 가르치고 산 죄를
용서해 주시옵소서.
육신의 생각을 따라 헛되이 말하고 행하여
거짓되게 살았습니다.
주님의 은혜를 세상 것과 맞바꾸며 받은 은혜를 다
쏟아 버렸습니다.
주님~ 이 어리석은 죄인을 용서하여 주시옵소서.
해도 해도 안 되는 이 죄인을 포기하지 말아
주시옵소서.
끝까지 주님의 손을 붙잡고 끝까지 믿음을
지키기를 원합니다.
예수님이 나의 죄를 위해 십자가에서 죽으시고
삼 일 만에 부활하신 것을 마음으로 믿고
고백합니다.
모든 죄를 용서받아 예수님의 생명책에 내 이름이
기록되게 하여 주시옵소서.

지옥 갈 인생을 구해 주신 예수님께 빚진 자로
살기를 원합니다.
예수님이 길이요, 진리요, 생명이신 것을 믿습니다.
예수님이 부활이요, 생명이신 것을 믿습니다.
예수님을 믿으면 죽어도 살겠고 살아서 믿는 자도
영원히 죽지 않을 것입니다.
부활의 자녀로서 하나님의 자녀 됨을 믿습니다.
선한 일을 행하여 생명의 부활이 되게 하여
주시옵소서.
그리스도와 함께 부활의 권능과 그 고난에
참여함을 알게 하여 주시옵소서.
오늘도 어떻게 해서든지 죄를 버리고 부활에
이르려고 몸부림칩니다.
예수님을 믿으면 나도 주님처럼 부활의 몸을 입을
수 있음을 믿습니다. 아멘! 아멘! 아멘!


주여! 주여! 나를 도우시고 이 모든 죄의
구덩이에서 건져내 주시옵소서.

사랑으로써 역사하는 믿음을 주시고 모든 죄를
예수님의 보혈로 씻어 주시옵소서.
하나님을 잊고 악을 행하면서 깨닫지 못한 죄가
있습니다.
말씀을 온전히 순종하지 않고 충성하지 못한 죄를
용서해 주시옵소서.

나의 성격이 하나님의 거룩한 성품이 되게 하여
주시옵소서.
나의 인격이 하나님의 깨끗한 인품이 되게 하여
주시옵소서.
이 회개를 가로채는 마귀 사탄 귀신의 세력들아
예수님의 이름으로 묶임 받고 떠나갈지어다.
이제부터는 회개 된 깨끗한 주님의 성품과 인품을
가지고 살아갈 수 있도록 힘써 노력하겠습니다.
내가 겪은 상처와 교만이 나에게서 나온
욕심이라는 것을 알게 되었습니다.

내가 피해자라며 억울해 하고 내 중심적으로
생각한 이기적인 죄의 본성을 용서해 주시옵소서.
나에게 피해의식을 주는 악한 영들아 예수님의
이름으로 떠나가라.

나만 억울하다고 생각한 감정도 이제 와서 보니
남에게 인정받으려고 한 자기의였습니다.
입술로 말한 서약을 지키지 못한 죄를 용서해
주시옵소서.
불안이 나를 지배하도록 내버려둔 것을 사하여
주시옵소서.
내 겉사람과 속사람이 죄로부터 완전히
해방되기를 간구합니다.
나에게 죄지은 모든 사람을 용서하오니 나의 죄도
사하여 주시옵소서.

내 손을 잡고 회개의 영을 부어주신 성령님께
감사드립니다.

저를 살리기 위하여 내 죄를 보혈의 피로 용서해 주신 예수 그리스도의 이름으로 간절히 기도합니다. (아멘. 아멘. 아멘)

여호와는 마음이 상한 자를 가까이 하시고 **충심으로 통회하는 자를 구원하시는도다** _시 34:18

주께서 나의 앞뒤를 둘러싸시고 내게 **안수하셨나이다** _시 139:5

이는 사람으로 혹 하나님을 더듬어 찾아
발견하게 하려 하심이로되 그는 우리 각 사람에게서
멀리 계시지 아니하도다_행 17:27

# 2부

# 하루를 시작하는 기도

여호와를 기뻐하라 _시 37:4

예수님의 보혈 보혈 보혈을 원합니다.
예수님의 보혈이 나에게 생명이 됩니다.
내 마음에 예수님의 보혈이 임하게 하여 주시옵소서.
내 생각에 예수님의 보혈이 임하기를 원합니다.
내 눈과 귀에 예수님의 보혈이 임하기를 간구합니다.
나의 입술에 예수님의 보혈이 임하게 하여 주시옵소서.
나의 손과 발에 예수님의 보혈을 뿌리고 바릅니다.
예수님의 피와 살을 먹는 저는 죄를 다스릴 수 있습니다.
예수님의 피와 살이 죄를 이길 수 있게 도와주실 것입니다. 아멘.

예수님, 예수님, 나의 주님, 오늘도 주님의 이름을
부르며 시작합니다.
예수님의 보혈이 성령의 권능으로 임하기를
원합니다.
성령의 불로 불로 불로 불로 불로 임재하여
주시옵소서.
성령의 불이 불이 불이 불이 불이 임하여
주시옵소서.
성령의 불 불 불 불 불 불을 원합니다.
성령의 불이 내 마음을 다스려 주시고 성령의 불이
내 생각을 다스려 주시옵소서.
이 시간 이 기도를 방해하는 악한 영들아 예수님의
이름으로 묶임 받고 예수님의 이름으로 떠나가라.
이 기도에 의심을 주는 마귀, 사탄, 귀신들의
세력들아 예수님의 이름으로 묶임 받고
떠나갈지어다.
이 기도를 가로채는 마귀, 사탄, 귀신들의
세력들아 예수님의 이름으로 사라질지어다.

내 입술에서 기도를 방해하는 악한 영들아
예수님의 이름으로 묶임 받고 떠나갈지어다.
하품과 졸음을 주는 악한 영들아
예수님의 이름으로 떠나가라.
하나님을 더 바라보길 원합니다.
온전히 하나님의 뜻대로 살기를 원합니다.
주여 나를 도와주시고 인도해 주시옵소서.
하나님이 나의 힘이시고 나의 피난처 되심을
믿습니다. 아멘.
내 생각을 주님께 맡깁니다.
내 마음을 주님께 맡깁니다.
내 눈을 주님께 맡깁니다.
내 귀를 주님께 맡깁니다.
내 입술을 주님께 맡깁니다.
내 손과 발을 주님께 맡깁니다. 아멘, 아멘!
내 감정을 주님께 맡깁니다.
내 기분을 주님께 맡깁니다.
주여 주여, 나를 도와주시옵소서.

나의 주인이시고 나의 왕이신 하나님께 나를
내어드립니다.
내 감정을 취하면 죄가 되지만 내 감정을 맡기면
의가 될 수 있음을 믿습니다.
하나님께 아름답게 맡겼사오니 말씀에 순종하여
그의 나라와 의를 이루게 하여 주시옵소서.
내 기도가 천상에서 울리는 아름다운 소리가
되어 하나님의 뜻이 하늘에서 이루어진 것 같이
땅에서도 이루어지기를 원합니다.
어떤 상황이 찾아와도 급한 마음으로 말하지 않게
하여 주시옵소서.
성급하게 행동하지 않기를 간구합니다.
어떤 상황에서도 주님보다 앞서지 않기만을
원합니다.
무슨 일이든지 서두르지 않는 힘을 주시옵소서.
주여 내 마음을 주님 앞에 올려드립니다.
내 생각을 올려 드립니다.
내 눈을 올려 드립니다.

내 귀를 올려 드립니다.
내 입술을 올려 드립니다.
내 감정과 기분을 올려드립니다.
내 손과 발을 올려드립니다. 아멘, 아멘, 아멘!
나를 드리는 삶의 예배를 시작합니다.
주여 주여, 나를 붙잡아 주시옵소서.
성령님 성령님, 나를 도와주시옵소서.
보는 것이 예배가 되게 하여 주시옵소서.
듣는 것이 예배가 되게 하여 주시옵소서.
가는 곳이 예배가 되기를 간구합니다.
생각하고 마음먹는 것이 하나님께 예배가 되기를 원합니다.
사랑이 없으면 보지도 말고 듣지도 말고 가지도 말게 하옵소서.
내가 생각하는 것이 영의 생각이 되어 생각하는 것마다 하늘에 쌓이기를 사모합니다. 아멘.
하나님, 저를 도와주시고 인도해 주실 줄 믿습니다.

오늘 하루 죄를 쌓느냐 의를 쌓느냐는 기도에 달려 있습니다.
예수님의 보혈을 계속 먹고 성령의 불을 항상 읊조리며 생활하겠습니다.
주 뜻대로 말하고 주 뜻대로 생각하는 하루가 되어 온전히 주님과 동행하겠습니다.
주님과 함께 하겠습니다.
주님의 손을 놓지 않겠습니다.
주님과 발걸음을 맞추겠습니다.
주님과 시선을 맞추며 걷겠습니다.
주님이 가라고 하시면 가고, 서라고 하시면 서는 충성된 자로 살게 해주시옵소서.
하나님의 자녀로 일하고 생각하고 행동하여 모든 것이 하나님께 영광이 되기를 바라옵고 나의 주 예수님의 이름으로 기도합니다. 아멘.


**마음이 조급한 자는 어리석음을 나타내느니라** _잠 14:29

# 알사탕 기도

주의 **말씀의** 맛이 내게 어찌 그리 단지요
내 입에 꿀보다 더 다나이다 _시 119:103

내 마음에 성령의 **불**, 내 마음에 성령의 **불**,
내 마음에 성령의 **불**
내 생각에 성령의 **불**, 내 생각에 성령의 **불**,
내 생각에 성령의 **불**
내 얼굴에 성령의 **불**
내 눈에 성령의 **불**
내 귀에 성령의 **불**
내 코에 성령의 **불**
내 입술에 성령의 **불**
내 몸에 성령의 **불**
내 손에 성령의 **불**
내 발에 성령의 **불**

내 삶에 성령의 **불**
성령의 **불 불 불 불 불!**


내 마음에 보혈의 **피**, 내 마음에 보혈의 **피**,
내 마음에 보혈의 **피**
내 생각에 보혈의 **피**, 내 생각에 보혈의 **피**,
내 생각에 보혈의 **피**
내 얼굴에 보혈의 **피**
내 눈에 보혈의 **피**
내 귀에 보혈의 **피**
내 코에 보혈의 **피**
내 입술에 보혈의 **피**
내 몸에 보혈의 **피**
내 손에 보혈의 **피**
내 발에 보혈의 **피**
내 삶에 보혈의 **피**
예수님의 보혈 보혈 보혈 보혈 보혈 보혈!

보혈의 권세, 보혈의 권능, 보혈의 능력.
성령의 **불**, 보혈의 **피**, 성령의 **불**, 보혈의 **피**
아멘, 아멘, 아멘, 아멘, 아멘, 아멘, 아멘!


예수님의 보혈을 내 몸에 뿌립니다.
예수님의 보혈을 내 몸에 바릅니다.
예수님의 보혈이 내 몸을 덮습니다.
예수님의 피와 살을 믿음으로 먹고 마십니다.


성령의 생수를 내 몸에 뿌립니다.
성령의 생수를 내 몸에 바릅니다.
성령의 생수가 내 온몸을 덮습니다.
성령의 생수를 믿음으로 먹고 마십니다.
성령의 능력과 보혈의 권세가 임하고 있습니다.
마음의 불, 생각의 불, 눈의 불, 귀의 불, 입술의 불,
손과 발이 성령의 불이 되게 하여 주시옵소서.
내가 걷는 길에 주님의 생명이 있습니다.
내가 가는 곳에 주님의 사랑이 있습니다.

내가 사는 곳에 주님의 평강이 있습니다.
내가 보는 것에 주님의 시선이 있습니다.
내가 듣는 것에 주님의 마음이 있습니다.
내가 계획하는 것에 주님의 뜻이 있습니다.

**내가 생각하는 것마다 예수 그리스도!**
**내가 마음먹는 것마다 예수 그리스도!**
**내가 보는 것마다 예수 그리스도!**
**내가 듣는 것마다 예수 그리스도!**
**내가 하는 것마다 예수 그리스도!**
**내가 가는 곳마다 예수 그리스도!**
**살아도 예수 그리스도! 죽어도 예수 그리스도!**
**사나 죽으나 예수 그리스도!**
**예수님의 보혈과 성령의 불이 나와 함께하고**
**있습니다.**

내가 주님 안에 주님이 내 안에 계시므로 우리는
하나입니다.

성령의 불이, 성령의 능력으로 임하게 될
것입니다.
보혈의 피가, 보혈의 권세로 임하게 되었음을
믿습니다. 아멘!
성령의 불과 보혈의 피를 믿음으로 취합니다.
온몸을 생명수 물로 깨끗이 씻어 주시옵소서.
내 모든 죄악의 씻김이 보혈의 권세에 있습니다.
믿음으로 세워 주시옵소서.
사랑으로 세워 주시옵소서.
거룩으로 세워 주시옵소서.
겸손으로 낮춰 주시옵소서.
굳건하게 전진합니다.
진실하게 나아갑니다.
온전함으로 이루어 주시옵소서.
소망 가운데 감사합니다.
기도 가운데 감사합니다.

**보혈의 권세와 성령의 능력은 내 입에 알사탕!**

**보혈의 권세와 성령의 능력은 내 입에 알사탕!**
**보혈의 생명과 성령의 생수는 내 입에 알사탕!**
**주님의 피와 살은 내 입에 달콤한 알사탕!**
**기도와 말씀은 내 입에 오물오물 알사탕!**

늘 읊조리는 기도에 성령으로 응답해 주시옵소서.
조용히 읊조려도 하늘의 문이 열릴 것을 믿습니다.
아멘!
작은 소리로 읊조리는 기도 속에 내 마음이
있습니다.
하나님의 말씀이 기도의 능력으로 임하기를
원하오며
모든 영의 주인 되신 우리 주 예수님의 이름으로
기도합니다. 아멘.

**작은 소리로 읊조릴 때에 불이 붙으니** _시 39:3

# 천국의 기쁨이 임하는 기도

주께서 **생명의 길을** 내게 보이시리니
주님 앞에는 **충만한 기쁨이** 있고 주님의 오른쪽에는
**영원한 즐거움이** 있나이다 _시 16:11

예수님의 보혈이 내게 기쁨으로 임하고 있습니다.
하늘로부터 내려오는 기쁨의 가루가 내 머리 위에
뿌려지고 있음을 믿습니다.

지금 예수님의 살이 나에게 생명의 양식이 되어
임하고 있습니다.
성령의 생수가 내 영혼 깊은 곳에서 기쁨의 샘물로
솟아오르고 있습니다.
주님의 지팡이로 딱딱하게 굳어진 내 마음을 쳐서
살아있는 물이 나오게 하여 주시옵소서.

회개의 눈물, 용서의 눈물, 은혜와 감사의 눈물이
생명의 물이 되게 하사 하나님께 영광을 돌리고
싶습니다.
내 속사람이 보좌로부터 나오는 생명수 샘물을
먹고 영원히 목마르지 않게 해주시옵소서.
주님이 내 안에 계시니 쉼 없이 흘러나오는 생수를
내게 부어주시기를 원합니다.
주님의 목전에서 주님의 거룩함을 나타내고
살기를 원하는 제 마음을 받아주시옵소서.
사랑하는 주님, 내 배에서 생수의 강이
흘러나온다고 말씀하신 언약을 이루어
주시옵소서.

생수의 강은 성령이요, 성령은 장차 죽을 내 몸도
살리시는 하나님의 영이심을 내가 믿나이다.
임하소서.
지금도 임하여 주시옵소서.
항상 임재하여 주시옵기를 원합니다.

저는 지금 예수님으로 목말라 있습니다.
주님께로 가서 마시려는 내 숨은 사람을 기쁨의
잔으로 만족시켜 주시옵소서.

저는 주님을 말씀으로 찾아 만나기를 원하옵고
주님 계신 곳에 저도 함께 있기를 원합니다.
겉으로 보이는 표적이 없을지라도 우리 주님
살아계시니 내 영혼은 기뻐하고 있습니다.
보지 않고 믿을 수 있는 기회가 나에게
주어졌사오니 내 영혼은 더없는 기대로 살고
있습니다.
주는 그리스도시요, 살아계신 하나님의
아들이심을 내가 믿었사오니 내 안에 영생이 있게
되었습니다.
어떤 수군거림이 있어도 구원의 옷을 벗지 않고
살겠습니다.
어떤 비난이 찾아와도 공의의 옷을 입고 의의
싸움을 하고 전진하겠습니다.

믿음의 선한 싸움이 하늘의 상급이 되게 하사
주께서 주실 예비하신 관으로 씌워 주시옵소서.
나의 마음에 그리스도의 기쁨이 있기를 원합니다.
내가 모든 것이 풍족하여 기쁨과 즐거움을
빼앗기고 사니니 모든 것이 부족할지라도 주께서
주시는 영생의 기쁨으로 살기만을 원합니다.
이제부터는 내 마음에 말씀의 궤를 기쁨으로
모셔놓고 주님 뜻대로 살게 해주시옵소서.
내 영혼이 보혈의 권세로 구원을 얻었사오니
기쁨의 함성을 크게 지릅니다. 아멘, 아멘.
이제는 슬픔이 변하여 기쁨이 되고 애통이 변하여
길한 날이 되었으니 내 마음이 잔치를 하고
있습니다.
주께서 내 마음에 두신 즐거움이 곡식과 새
포도주가 풍성할 때보다 더하나이다.
주님의 은총이 평생에 지속될 것이니 저녁에는
잠시 잠깐 울음이 깃들일지라도 아침에는 기쁨이
올 것을 믿습니다. 아멘.

주께서는 나의 외로움이 변하여 내게 춤이 되게
하셨사오며 나의 웃음이 기쁨의 띠를 띠게
만들어주셨습니다.
그런즉 내가 하나님의 제단에 나아가 나의 큰
기쁨을 주께 드리고 기도로써 주님과 만나기를
바라나이다.
하나님의 말씀을 받아 기쁨과 즐거움으로 인도함
받고 살다가 하늘에서는 주께서 예비해 두신
왕궁에 들어가기를 소망합니다.
의인을 위하여 빛을 뿌리시고 마음이 정직한
자를 위하여 기쁨을 뿌려주시는 하나님이 계시니
두렵지 않고 근심할 것이 없습니다.


"내 영혼아 기도로 주를 찬양하라."
"너는 기쁨으로 구원의 우물에서 물을
길으리로다." 아멘.
"즐거움과 희락의 기름진 밭에서 떠나지
말지어다."

"땅에 있는 것들이 소멸되어도 우리 주님의 말씀은
영원한 진리 가운데 있을 것이라."
"내 머리 위에 영영한 희락을 띠고 기쁨과
즐거움을 얻으리니 슬픔과 탄식이 사라질
것이로다."


주여, 이제부터는 나에게 주신 이 감동으로 주님의
기쁨을 성취하는 자로 살게 해주시옵소서.
내 영혼이 천성을 향하여 나아가며 평안히 인도함
받기를 원합니다.
하나님이 나를 위해 창조해 주신 산과 들이 노래를
발하고 모든 나무가 손뼉을 칠 것입니다.
전에는 내가 세상에서 버림을 당하며 미움을
당하였으므로 내게로 오는 자가 없었으나 이제는
나를 영원한 아름다움과 대대의 기쁨이 되게
해주셨습니다.
고통으로 슬퍼하는 내 영혼에 화관을 씌워 주시고
기쁨의 기름으로 충만케 하여 주시옵소서.

내 겉사람이 여호와의 영광을 나타낼 자로
일컬음을 받고 살기를 원합니다.
주님이 창조하시는 것으로 영원히 기뻐하며
즐거워하기를 간구합니다.
예루살렘을 즐거운 성으로 창조하시고 나를 주의
백성으로 기쁨의 인장을 찍어 주시옵소서.
그 성의 기쁨으로 말미암아 그 성과 함께
기뻐하기를 사모하며 인내하겠습니다.
그때에 내 영혼이 춤추며 즐거워하겠고 천인들은
함께 즐거워할 것입니다. 아멘.


내 슬픔을 돌려서 즐겁게 하며 나를 위로하여
내 근심으로부터 기쁨을 얻게 해 주실 하나님을
찬양합니다. 아멘, 아멘.
기쁨과 환희가 거룩한 옥토가 되게 하여
주시옵소서.
구원을 베풀어 주신 하나님이 잠잠히 나를
사랑하고 계심에 감사드립니다.

진리와 화평을 사랑하여 기쁨과 즐거움과 희락의
절기들이 떠나지 않게 해주시옵소서.
하나님의 말씀을 즉시 기쁨으로 받고 기쁨으로
행하여 천국에서 기쁨의 단을 거두기를 원합니다.
주님이 나와 함께 계시오니 앞으로도 내 기쁨을
빼앗을 자가 없을 것입니다. 아멘.


주님이 주신 이 생명의 평안을 충만히 갖고 살기를
원합니다.
주께서 내가 영원히 살 수 있는 생명의 길을 내게
보이셨으니 내 영혼은 감사가 충만하나이다.
소망의 하나님이 모든 기쁨과 평강을 믿음 안에서
나에게 충만하게 하사 성령의 능력으로 소망이
넘치게 하셨습니다.
하나님의 뜻을 따라 나아가기를 사모합니다.
앞으로 어려움 가운데에서도 하늘의 위로가
가득하고 감사가 넘치는 삶으로 살게
해주시옵소서.

하나님이 주시는 영광의 힘을 따라 모든 능력으로
능하게 하시며 기쁨으로 오래 견딤과 오래 참음에
이르고 살기를 원합니다.
나의 소망이나 기쁨이나 자랑의 근원 되신 나의
하나님께 감사를 드립니다.
어떠한 감사로 하나님께 보답하며 살게 될지
기도로 준비해 보겠습니다.
내 심령 깊은 곳에서 우러나오는 감격과 탄성과
기쁨의 환호성이 끊이지 않기를 원합니다.
천국에 입성할 때 기쁨의 극댓값이 주어지는
최고의 환영을 기대합니다.
그때에 나에게 주어질 축복의 보상을 소망하고
살겠습니다.
가슴 벅찬 큰 기쁨과 감동이 영원히 시들지 않는
영광의 꽃이 되게 하여 주시옵소서.

합당하게 준비된 자로 말씀 가운데 순종하며
살겠습니다.

진리를 지키는 것이 영적 성장이 될 것을 믿고
감사 가운데 나아가겠습니다.
영광스러운 순간을 기억하고 살게 해주시옵소서.
영원한 영광이 있는 저 천국, 누구도 슬픔과
고통이 없는 완벽한 나라를 소망합니다.
이제부터는 말씀으로 죄를 끊어내고 살겠습니다.
죄의 사슬들이 끊어질수록 영광의 기쁨을 더하여
주시옵소서.
죄의 끈들이 풀어질수록 영적 기쁨과 축복이
넘치게 하여 주시옵소서.


하나님의 권능을 입은 자답게 생각하고 마음먹고
살기를 원합니다.
하나님의 완전한 사랑 가운데 있는 것이 최고의
기쁨이요 행복임을 고백합니다.
하나님의 뜻이 곧 나의 뜻이 되게 하여
주시옵소서.

내 안에 슬픔과 서러움이 사라지지고 주님의
관점으로 사물을 볼 수 있도록 인도해 주시옵소서.
축복받은 영혼들을 잘 섬겨서 천국 문으로 안내해
주는 선한 청지기로 살기를 원합니다.
죄에서 해방되어 완전한 자유를 소유한 자로 사는
것이 하늘에 속한 자임을 믿습니다.
영의 것을 생각하고 영의 생각으로 말하고 영의
행동으로 삶을 살아내겠습니다. 아멘.

하늘의 시민권자가 되었으니 하늘의 시민권을
확실히 얻어낼 때까지 두렵고 떨리는 마음으로
순종하며 살겠습니다.
내 몸은 세상에 있사오나 내 영혼은 본향을
바라보고 살고 있음을 믿습니다.

기대합니다, 주님!
감사합니다, 주님!
사랑합니다, 나의 신랑 되신 예수 그리스도!

존경합니다, 나의 영원한 보호자 되어 주신 구원자 예수님!
이 모든 기도를 성령의 감동으로 기도하였고, 나의 주가 되어 주신 예수님의 이름으로 간절히
기도 올려 드립니다. 아멘.

능히 **너희를 보호하사** 거침이 없게 하시고 너희로 그 영광 앞에 흠 없이 기쁨으로 서게 하실 하나님께 우리 주 예수 그리스도로 말미암아 영광과 위엄과 권세가 영원토록 있을지어다 _유 1:24

# 말씀이 살아 움직이는 기도

하나님의 **말씀은 살아 있고 활력이 있어** 좌우에
날카로운 어떤 검보다도 예리하여 혼과 영과 관절과
골수를 찔러 쪼개기까지 하며 또한 **마음의 생각과 뜻을
판단하느니라** _히 4:12

예수님의 보혈이 오고 계십니다.
예수님의 보혈이 내 안에 들어오고 계십니다.
예수님의 피가 내 겉사람 전체를 덮고 있습니다.
내 속사람이 예수님의 보혈을 먹고 온전해지고
있습니다.
예수님의 보혈을 먹은 내 겉사람이 회복되고
있음을 믿습니다.
예수님의 보혈은 영원히 목마르지 아니하는 내
영혼의 샘물이 될 것입니다.
보혈의 권세로 내 속사람이 더욱 강건해지기를
원합니다.

내 염려와 근심이 보혈의 능력으로 다스려지고
있음을 믿습니다.
피의 권세를 받아 내 생각과 마음이 온유한
성품으로 바뀌게 하여 주시옵소서.

지금 성령의 불이 내 심령에 들어오고 계십니다.
성령의 불이 내 생각과 마음에 들어오고 계십니다.
성령의 불이 내 겉사람을 덮어 죄악을 제거하고
계십니다.
성령의 불이 내 삶에 구름기둥이 되어 인도해
주시고 불기둥이 되어 주셔서 내 마음을 환하게
비춰주고 계십니다.
성령의 능력은 내 마음을 만지사 부드럽게
만드시는 온유의 능력임을 믿습니다.
내 영혼이 성령의 생명수를 먹고 강건해지기를
간구합니다.
성령의 생수를 먹고 나의 숨은 사람이 살아나도록
도와주시옵소서.

보좌로부터 내려오는 생명수는 영원히 목마르지
아니하는 내 영혼의 생수임을 믿습니다.


기도하는 중에 여호와 하나님의 성령이 거룩한
감동으로 임하고 있습니다.
주는 것이 받는 것보다 복이 있다는 것을
기억하라.
오늘도 여호와의 음성을 기억하며 살기를 원하는
너희는 들을지어다.
나의 은혜를 구하고, 영으로 간구하는 하늘에 속한
심령이 되도록 간구하라.
너희는 나의 말씀을 대언하여 믿음으로 선포하라.
너희 겉사람과 속사람아 여호와의 말씀을
들을지어다.
나의 말씀이 선포될 때 너희 지체에 있는 힘줄이
강해지고 영의 살을 입게 되어 더욱 강건해질
것이라.

말씀의 소리가 이 뼈 저 뼈가 들어맞아 뼈들이 서로 연결되리라.

나의 말씀이 네 지체에 마디와 힘줄로 공급함을 받고 연합하여 자라나게 할 것이라.

너희 속에 나의 생기를 넣으리니 너희 속사람과 겉사람이 살아나리라.

내가 나의 영을 너희 속에 두어 너희가 살아나게 하고 나의 뜻을 이루고 살게 하리라.

들을 귀 있는 자는 성령이 믿는 자들에게 하시는 말씀을 들을지어다.

여호와의 음성을 듣는 자마다 두 귀가 진동하여 울리리라.

네 길을 여호와께 맡기라. 그를 의지하면 그가 이루시고 네 의를 빛같이 나타내시며 네 공의를 아름답게 하시리라.

네 짐을 여호와께 맡기라.

여호와를 신뢰하고 선을 행하라.

땅에 머무는 동안 나의 말씀을 먹을거리로
삼을지어다.
내가 너를 붙들 것이고 나에게 맡기고 의지하는
것이 무엇인지 말해주리라.
너희의 애통을 올려드리라. 그것이 곧 위로가 될
것이라.
너희의 허물을 올려드리라. 그것이 곧 용서가 될
것이라.
너희의 실수를 올려드리라. 그것이 곧 온전함이 될
것이라.
너희의 눈물을 올려드리라. 그것이 곧 기쁨이
되리라.
너희의 외로움을 올려드리라. 그것이 곧 하늘의
위로가 될 것이라.
너희의 원망과 불평을 올려드리라. 그것은 곧 참
만족이 될 것이라.
너희의 불안과 염려를 올려드리라. 그것이 네게
평강으로 찾아올 것이라.

너희의 고통을 올려드리라. 그것은 감사가 되어
너의 상급이 될 것이니라.
너희의 낙심과 좌절을 올려드리라.
그것이 보좌로부터 내려오는 새 힘이 될 것이라.
너희의 정욕을 올려드리라. 그것은 하늘의 영광이
될 것이라.
너희의 음란을 올려드리라. 그것이 순수한
마음으로 바뀔 것이라.
너희의 약함을 올려드리라. 그것이 곧 강함이 되어
너의 강점이 될 것이니라.
너희의 가난을 올려드리라. 그것은 하늘의 부자로
만들어 줄 것이라.
너희의 저주를 올려드리라. 그것이 하늘의
축복으로 바뀌게 되리라.
너희의 짧은 생명을 올려드리라. 그러면 나의 피로
영원한 나의 평강이 될 것이라.
너희의 감정을 올려드리라. 그러면 하늘에서 주는
평안과 평강이 상급이 될 것이니라.

너희의 옛 옷을 벗어버리라. 그러면 새로운 세마포가 입혀질 것이라.
너희의 분노를 지금 즉시 올려드려라.
그것은 곧 참평안이 될 것이라.
너희의 조급함을 내어 드리라. 순종하는 자에게 하늘의 여유가 찾아오게 될 것이니라.
너희의 오늘을 올려드리면 그것은 하늘의 보화가 되어 되찾게 되리라.
너희의 겸손을 맡겨 드리라. 그리하면 하늘의 큰 땅을 주어 너를 영화롭게 만들어 주리라.
너희가 내 말씀에 순종하고 하늘에서 귀하게 되어 너희 이름이 천국에서도 빛나게 되는 것이 영화로움이라.
그러므로 내 안에서 인내하는 자는 복이 있는 자라.
시험을 참는 자가 복이 있다고 한 이유는 나를 사랑하는 자들에게 생명의 면류관을 약속했기 때문이라.

너희가 주께서 주신 욥의 결말을 보았거니와
주는 가장 자비하시고 긍휼히 여기시는 주(主)
이심을 기억하라.
너희 손에 있는 것들은 옷과 같이 낡아질 것이나
나에게 맡기는 것은 연대가 다함이 없으리라.
그래서 나의 거룩함 안에 들어오고 나의 온유와
겸손을 배워 삶을 살라고 한 것이니라.
나에게 내어 주는 것이 너희가 움켜쥐고 있는
것보다 말로 형용할 수 없을 만큼 큰 복임을
기억할지어다.
나를 믿고 내어 주는 자는 하늘에서 영원한 소유가
있을 것이라.
너희는 마음의 근심을 나의 평안으로 바꾸어라.
내가 너희에게 주는 것은 세상이 주는 것과 같지
않고 하늘에서 내려오는 것들이라.
떡 한 조각을 꿀에 적셔다 주는 자들을 따르려
하지 말고 떡 한 조각을 고난의 물에 찍어다 주는
나 여호와를 깊이 생각하라.

하늘과 땅에 있는 모든 권세를 다 가진 나
여호와가 너희에게 가장 좋은 것을 주고 싶은
마음을 어찌 모르고 있느냐.
성경에서는 순종하라는 말씀이 왜 그렇게 많이
있겠느냐.
순종이 곧 생명이요 상급이 되기 때문이니라.
나는 너희들에게 어제도 주고 싶었고 오늘도 주고
싶고 내일도 주고 싶은 여호와 하나님이니라.
순종하는 자가 순종할 때마다 쌓이는 하늘의 보화를
생각해 보아라.
순종의 상급은 영원하고 영원한 것이라.
그렇다면 고난 가운데 순종하는 자의 상급은
어떠할지 너희는 깊이 상고하여라.
베뢰아에 있는 사람들이 왜 간절한 마음으로
말씀을 받고 이것이 그러한가 하여 날마다 성경을
상고하였는지를 생각해 보아라.
땅에 살면서 고난의 떡을 먹고 고난의 물을 마시는
자가 과연 영원한 징계를 받는 듯 계속될 것 같으냐.

결코 그렇지 않다.
땅에서 일어나는 모든 일들은 다 처음과 끝이 있고
반드시 끝나게 되는 끝점이 있음을 기억하라.
그러나 하늘에서는 그가 땅에서 나의 이름 때문에
받은 고난으로 인하여 영원한 영광을 누리게
되리라.
이 세상도 없어지고 정욕도 없어지나 나의 뜻대로
행한 자는 영원히 거한다고 말하지 않았느냐.
그러므로 내가 주는 고난의 떡은 하늘에서 내려와
너희 심령에 하늘의 소망을 주고 영원한 상급을
주기 위한 거룩한 흔적이 될 것이니라.
내가 주는 순종의 물을 마시는 자마다 내 안에
거하게 되고 그도 나와 더불어 먹게 될 것이라.
너희 속에서 영원히 솟아나는 기쁨이 되리라.
너희 안에서 감추어진 생명의 빛이 너희를 감싸게
되리라.
너희를 위하여 주는 나의 피와 살도 아버지께서
허락하신 고난의 피요 희생의 살이라.

땅에 있는 동안 잠시 잠깐의 고난을 기뻐하고
감사하여라.
너희가 경한 고난을 피하려다가 세상이 주는 쥐엄
열매로 배를 채우지 말라.
먹고 또 먹을지라도 결코 배부르지 않게 되리라.
너희가 먹어도 배부르지 못하고 항상 속이 빌
것이며 너희 것을 감추어도 보존되지 못하리라.
세상이 주는 쥐엄 열매를 많이 뿌릴지라도 수확이
적으며 마실지라도 흡족하지 못하며 입어도
따뜻하지 못하리라.
세상의 일꾼은 삯을 받아도 그것은 구멍 뚫린
전대에 넣음이 되는 것을 어찌 알지 못하느냐.
다 헛되고 헛되며 헛되고 헛되니 모든 것이 바람을
잡음같이 또다시 헛되고 헛되리라.
누구나 벌거벗고 나왔은즉 누구라도 나온 그대로
돌아가고 수고하여 얻은 것을 자기 손에 아무것도
가져가지 못하리라.

보라, 너희는 아무것도 아니며 너희 일은 마지막에
불에 타서 녹아 없어질 허망한 것들이라.
그러므로 영원히 썩지 아니할 나의 복음을 위하여
살지어다.
참고 선을 행하여 영광과 존귀와 썩지 아니함을
간구하는 자에게는 영생으로 산다고 하지
아니하였느냐.

내 안에서 이기기를 다투어 모든 일에 절제하여
승리자의 관을 얻도록 힘써 노력하라.
썩을 것으로 심어서 썩지 아니할 것으로 다시
살아난다면 너희는 무엇을 심고 살아야 하겠느냐.
영원한 것을 거두려면 내 앞에서 나의 피와 살을
먹고 마시며 나와 함께 동행하라.
네 마음의 집에 유하며 너희와 함께 가려는
창조주가 성령으로 계신 것을 기억하라.
모든 인류는 다 나에게 빚진 자이니라.

그 빚은 너희 힘으로는 갚을 수 없는 빚이거니와
내 손을 잡고 동행하는 자는 빚진 자의 삶을
살다가 그것이 하늘의 영광이 되어 돌아오게
되리라.


너희는 옛 생각을 버리고 새롭게 거듭난 삶을 새
부대에 넣어야 하지 않겠느냐.
낡은 가죽 부대를 나에게 내어 주고 새 부대를
가져다가 영원히 낡아지지 않는 하늘의 배낭을
만들 거라.
터뜨리고 쏟아지는 옛 부대를 나에게 내어주는
자는 새로운 삶을 살게 될 것이니라.
내가 너희에게 입혀 주는 새 옷을 입을지어다.
하늘의 세마포를 입은 나의 자녀야, 나의 보혈로
씻어서 한 줄 구겨짐 없이 입고 살거라.
어찌하여 너희는 옛 옷을 입고 있으면서 나의 일을
온전히 한다고 할 수 있겠느냐.

내가 의인을 부르러 온 것이 아니요, 죄인을
부르러 온 이유는 나의 피로 하늘의 의인으로
만들고자 함이 아니더냐.
그러므로 너희 입술의 옷을 바꿀지어다.
너희 생각의 옷을 바꿀지어다.
네 삶의 옷을 벗고 말씀의 옷으로 갈아 입을지어다.

주님의 말씀을 받아 주 뜻대로 살아가겠습니다.
나의 힘이 되신 여호와 하나님, 낮에는 구름기둥이
되어 나의 그늘이 되어 주시고 밤에는 불기둥이
되어 나의 갈 길을 밝혀 주시옵소서.
주의 말씀이 내 발걸음의 빛이십니다.
이 기도가 하나님의 뜻을 이루고 주의 계획을
이루게 해주실 줄 믿고 예수님의 이름으로 기도
올려 드립니다. 아멘.

> 내 입에서 나가는 말도 이와 같이 헛되이 내게로
> 되돌아오지 아니하고 나의 기뻐하는 뜻을 이루며
> 내가 보낸 일에 형통함이니라 _사 55:11

보라 내가 너희에게 비밀을 말하노니
우리가 다 잠 잘 것이 아니요 마지막 나팔에 순식간에
**홀연히 다 변화되리니** 나팔 소리가 나매
죽은 자들이 썩지 아니할 것으로 다시 살아나고
우리도 변화되리라 _고전 15:51-52

# 3부

# 성령 충만 기도

마치 불의 혀처럼 갈라지는 것들이 그들에게 보여 각 사람 위에 하나씩 임하여 있더니 그들이 다 **성령의 충만함을** 받고 성령이 말하게 하심을 따라 다른 언어들로 말하기를 시작하니라 _행 2:3-4

예수님의 보혈을 뿌리고 바르고 마십니다.
예수님의 보혈을 뿌리고 바르고 덮습니다.
예수님의 피뿌림이 내 속사람에 뿌려집니다.
예수님의 피뿌림이 내 겉사람에 뿌려지게 하여
주시옵소서.
성령의 불과 보혈의 권세가 내 감정에 임하게 하여
주시옵소서.
하나님 아버지 내 화나는 감정을 가져가시고
하나님의 평강으로 바꿔 주시옵소서.

이 시간 나에게 화나는 감정, 서운한 마음,
우울한 생각을 주는 마귀, 사탄, 귀신의 세력들아
예수님의 이름으로 묶임 받고 떠나갈지어다.
성령의 불로 이 모든 분노의 감정, 서운한 마음,
우울한 감정을 완전히 다 태워주시옵소서.
하나님 내 분노를 가져가 주시옵소서.
우리 주님께 내 감정을 즉시 내어 드립니다.
하나님의 기쁨으로 채워주시옵소서.
하나님이 주시는 감사로 채워주시옵소서.
성령을 믿음으로 마십니다.
생명수가 되게 하여 주시옵소서.
성령을 믿음으로 마십니다.
평안과 평강이 되게 하여 주시옵소서.
성령을 믿음으로 마십니다.
내 마음이 회복될 것입니다.
내 몸이 회복될 것입니다.
기쁨과 평강이 넘치게 될 것입니다.
보좌로부터 임하는 영적인 힘을 부어 주시옵소서.

지금 내 마음을 성령으로 다스려서 천국에 있는
성을 얻기를 원합니다.
화가 날 때마다 서운한 감정이 생길 때마다 억울한
일을 당할 때마다 하늘의 성을 얻게 될 자격을
주시옵소서.
보혈의 권세와 성령의 불이 모든 죄를 다스리고
이기게 하여 주시옵소서.
다스리고 이기는 대로 하늘의 상으로 더 크게
채워주시옵소서.
이 모든 분노는 사라지고 하나님의 기쁨과 감사가
되게 하여 주시옵소서.
주 뜻대로 말하게 하여 주시옵소서.
주 뜻대로 살게 하여 주시옵소서.
주의 뜻대로 이 모든 것을 할 수 있게 하여
주시옵소서.
아버지의 뜻대로 이 모든 것을 순종하겠습니다.
아멘으로 화답하겠습니다.

성령의 불로 불로 불로 불로 불로 불로 불로
임하여 주시옵소서.
성령의 불이 불이 불이 불이 불이 불이 불이
임하여 주시옵소서.
성령께서 능력으로 덧입혀 주시옵소서.
성령께서 권능으로 덧입혀 주시옵소서.

하나님을 바라봅니다.
아버지를 바라봅니다.
주여 주여 주여 나를 도와주시옵소서.
하나님을 더 바라보게 하여 주시옵소서.
아버지를 더 바라보게 하여 주시옵소서.
주 안에서 살게 하여 주시옵소서.
말씀대로 살게 하여 주시옵소서.
주님이 내 마음에 주인 되어 주시옵소서.
주님이 내 생각을 다스려 주시옵소서.
아픈 곳도 성령의 빛이 치유의 손으로 임하게 하여
주시옵소서.

아플 때마다 보좌로부터 치유의 불이 임하기를
원합니다.
내 겉사람을 치유하여 주시고 속사람도 주께서
친히 만져주시옵소서.
믿음으로 간구합니다.
그리스도의 사랑으로 간구합니다.
지금 즉시 온전하게 하여 주시옵소서.
믿는 순간 모든 것이 그리스도 안에서 해결되게
하여 주시옵소서.
예수님의 보혈과 성령의 능력이 아픈 곳을 감싸고
싸매어 본래의 건강한 모습으로 바꿔 주시옵소서.
그리스도의 신부 된 자격으로 지금 즉시 신랑께
간구합니다.
성령을 성령을 내려주시옵소서.
아버지 하나님 앞에 간절히 간절히 간구합니다.
예수님, 예수님, 나의 주님, 주님을 더 사랑합니다.
예수님의 보혈 보혈 보혈을 믿습니다.
보혈을 내려 주시옵소서.

보혈을 입혀 주시옵소서.
내 영이 예수님의 보혈을 먹습니다.
내 영이 예수님의 보혈을 먹고 힘이 생깁니다.
내 영이 예수님의 살을 먹고 강해집니다.
내 영이 예수님의 살을 먹고 기쁨과 감사가 넘치게
하여 주시옵소서.
예수님의 보혈을 뿌리고 바르고 마십니다.
예수님의 보혈을 뿌리고 바르고 덮습니다.
예수님의 보혈이 생명입니다.
예수님의 보혈이 치료입니다.
예수님의 보혈이 능력입니다.
보혈의 능력, 보혈의 권능이 임하여 주시옵소서.
보혈의 사랑, 보혈의 영광을 보게 하여
주시옵소서.
주여 주여 ~ 간절히 간구합니다.
주님 주님 ~ 나를 도와주시옵소서.
성령님 성령님 나의 성령님, 지금 즉시 전신갑주를
입혀 주시옵소서.

마귀를 대적할 수 있는 빛의 옷을 입혀
주시옵소서.
예수님이 나타나신 것은 마귀의 일을 멸하려
오셨습니다.
그러므로 보혈의 권세를 입으면 마귀를 이길 수
있습니다.
죽음의 권세를 잡은 마귀를 멸하신 예수님이 내
안에 계십니다.
죽음의 권세를 생명의 권세로 바꾸신 성령님이 내
안에 계십니다.
두려워하지 않겠습니다.
염려하지 않겠습니다.
모든 원망과 불평은 예수님의 이름으로 완전히
떠나갈지어다.

이 시간 예수님의 권세와 성령의 능력을 힘입어
선포합니다.
선포할 때마다 불이 나가게 하여 주시옵소서.

선포할 때마다 보혈이 뿌려지게 하여 주시옵소서.
선포하는 말씀이 능력이 되어 나를 다스려
주시옵소서.
내 주변을 다스려 주시옵소서.
내 감정을 다스려 주시옵소서.
내 아픈 몸을 다스려 주시옵소서.
내 생각과 마음을 다스려 주시옵소서.
내 감정과 주변을 성령의 능력으로 다스립니다.

예수 그리스도의 이름으로 명하노니 내 생각과
마음을 흔드는 마귀, 사탄, 귀신의 세력들아
예수님의 이름으로 완전히 떠나갈지어다.
다시는 내 앞에 나타나지 말지어다.
내 생각과 마음속에 숨어 있는 너희들의 정체를
알고 있다.
예수님의 보혈로 명하노니 지금 즉시
사라질지어다.

내 주변 사람들의 말을 통하여 들어온 악한 영들아
예수님의 이름으로 명하노니 완전히
전멸될지어다.
사라질지어다. 소멸될지어다. 멸절될지어다.
지금 즉시 나에게서 완전히 떠나갈지어다.
성령의 불로 태워질지어다.
주변 사람들의 행동을 통해 들어온 마귀, 사탄,
귀신의 세력들은 전능하신 예수님의 이름으로
명하노니 무력화될지어다.
너희들은 예수님 앞에서 아무것도 할 수 없다.
너희들이 할 수 있는 것은 지금 즉시 도망가는
것뿐이다.
내 죄된 감정을 가지고 떠나가라. 사라져라.
예수님의 이름으로 명하노니 영원히 무저갱으로
던져질지어다.
성령의 불로 불로 불로 불로 불로 완전히
태워질지어다.

불의 권세, 불의 능력이 내 영혼을 감싸게 하여
주시옵소서.
기도의 능력이 되게 하여 주시옵소서.
말씀의 능력이 되게 하여 주시옵소서.
선포의 능력이 불이 되게 하여 주시옵소서.
입술의 권세가 말씀의 능력이 되게 하여
주시옵소서.
하나님의 말씀이 기도하는 나에게 임하게 하여
주시옵소서.
하나님의 성령이 간구하는 내 속사람을 덮어
주시옵소서.
예수님의 피뿌림이 기도하는 내 겉사람과
속사람에게 뿌려지게 하여 주시옵소서.
급하고 강한 성령의 불이 내 온몸에 임하게 하여
주시옵소서.
내 심령을 드립니다.
내 생각을 내어 드립니다.

예수님의 능력을 믿습니다. 믿습니다. 믿.습.니.다.
성령님의 능력을 사모합니다.
성령님의 능력을 바라보고 기도합니다.
주여 주여 주여 간절히 간절히 간구합니다.
내 영혼이 성령의 능력을 힘입어 살아났습니다.
내 마음이 성령의 능력을 덧입어 살아났습니다.
내 몸이 성령의 능력을 덧입어 살아났습니다.
내 겉사람이 보혈의 권세로 살아났습니다.
내 생각이 보혈의 임재로 맑아졌습니다.
내 입술이 보혈의 임재로 온전해졌습니다.
내 눈이 보혈의 권세로 깨끗해졌습니다.
내 겉사람이 보혈의 권세로 치료되었습니다.
성령의 불이 말씀과 하나가 되어 보혈의 권세로
임하시는 예수님의 이름으로 간절히 기도합니다.
아멘.

**홀연히 하늘로부터 급하고 강한 바람 같은 소리가 있어
그들이 앉은 온 집에 가득하며** _행 2:2

# 가족 영혼 구원 기도

모든 육체가 하나님의 **구원하심을** 보리라 함과
같으니라 _눅 3:6

■ 가족들 → 본인의 가족 이름

예수님의 보혈을 가족들이 있는 침실 위에
뿌립니다.
지금 가족들의 속사람에게 그리스도의 보혈이
뿌려지고 있음을 믿습니다.
예수님의 피뿌림이 가족들의 구부러진 심령과
잘못된 생각에 온전히 뿌려져서 더 이상 헛된
우상숭배가 되지 않도록 도와주시옵소서.
예수님의 보혈과 성령의 능력이 가족들에게
우상의 영이 임하지 못하도록 주께서 친히 막아
주시옵소서.

성령의 불이 치유의 손으로 임하사 가족들의
아픈 마음과 허약해진 몸을 만지시고 치유하여
주시옵기를 간절히 간청합니다.
예수 그리스도의 보혈이 가족들의 생각과 마음에
임하여 영혼 구원이 되기를 간구합니다.
온전한 생각과 온전한 마음이 되게 하여
주시옵소서.
사람으로서는 할 수 없으나 우리 하나님께서는 다
하실 수 있음을 믿습니다.
지금 가족들을 만지시고 치유하시고 고치시는
분은 오직 여호와 하나님이심을 믿습니다.

여호와께서 나의 간구를 들으셨사오니 주께서
영혼을 위해 간구하는 이 기도를 받아 주시옵소서.
제가 올려 드리는 영의 기도를 받으시고 응답하시는
분은 오직 주님이시니 지금 즉시 기도하는 것마다
하늘에 상달되어 땅에 있는 가족들이 있는 곳에서도
그대로 이루어지게 하여 주시옵소서.

저희 가족들이 영원한 생명이 되는 예수님의 피와
살을 믿음으로 먹게 하시고 하나도 남김이 없게
하여 주시옵소서.
믿음 대로 되고 기도한 대로 이루어지기를
원합니다.


선포한 대로 실상이 되게 하여 주시옵소서.
저희 가족들이 지은 모든 죄를 용서해 주셔서
예수님의 보혈로 씻음 받게 도와주시옵소서.
세상이 주는 우상을 섬기고 자기 생각대로 산 죄를
주께서 용서해 주시옵소서.
꼭 주님께서 저희 가족을 만나주셔서 그들이
영의 눈을 뜨고 보혈의 권세로 죄 사함 받게 하여
주시옵소서.
그리스도 안에서 자백하는 은혜를 내려
주시옵소서.
보혈의 권세로 고백하는 죄마다 씻김 받을 수
있도록 죄 사함을 주시옵소서.

가족들이 한때는 저와 함께 순수하게 주님을
믿었던 그 마음으로 바꿔 주시옵소서.

예전에 가졌던 순수함으로 돌려주시옵소서.
내 가족들의 믿음을 훔쳐 간 악한 영들아 예수님의
이름으로 명하노니 우리 가족들의 믿음을 다시
돌려놓을지어다.
내 가족들에게 영적인 막힘을 주는 방해의 영들아
예수님의 이름으로 한 길로 와서 일곱 길로
사라질지어다.
가족들의 영혼 구원을 위해 멈추지 않는 영의
기도를 허락해 주시옵소서.
나의 중보기도를 통해 가족들이 오늘 하루도
안정되고 평안한 생활을 할 수 있음을 기억하여
거룩한 사명으로 받들어 기도하겠습니다.

믿음의 기도와 사랑의 기도가 우리 가족들에게
영혼 구원의 선물이 되게 하여 주시옵소서.

이 시간 예수님의 이름으로 명하노니 가족들의
주변에 있는 악한 영들아 너희들의 손과 발은
묶여질지어다.
영원히 결박 받을지어다.
너희들은 가족들에게서 떨어져 나와 무저갱으로
던져질지어다.
우상숭배의 영들은 보혈의 권세로 무력화
될지어다.
내 가족에게 불안과 두려움을 주는 염려의 영들아
예수님의 이름으로 완전히 사라질지어다.
우리 가족은 하나님이 세우신 거룩한 하나님의
자녀 됨을 선포한다.
우상숭배의 문을 열어 상황을 더 나빠지게
만드는 미련한 영들아 예수 그리스도의 이름으로
명하노니 성령의 불로 완전히 태워지고
없어질지어다.
너희들은 절대 내 가족들의 영혼을 취하지 못할
것이다.

그들에게는 예수님의 피 흔적이 있다.
우리 가족은 그리스도의 흔적과 보혈의 자국이
묻어있는 생명의 사람들이다.
이 시간 예수님의 보혈이 하늘로부터 가족들의
생각과 마음에 임하여 그대로 흘러갑니다.
보혈의 권세로 생각과 마음에 있는 모든 질병의
쓴 뿌리들이 힘을 잃고 사라지게 하여 주시옵소서.
주께서 가족들의 생각과 마음을 만지시면 모든
것이 다 정상으로 회복될 수 있음을 믿습니다.
예수님의 피 묻은 손이 사랑하는 내 가족을
고치시는 치유의 손이 되게 하여 주시옵소서.
하나님의 광명이 햇빛 같고 치유의 광선이 주님의
손에서 나오게 됨을 믿습니다.

저와 함께 하나님의 이름을 경외하고 한때
하나님을 섬긴 가족들의 삶을 기억하시옵소서.
또한 주님을 모르고 지금까지 살아온 식구들도
있습니다.

하나님의 영이 임재해 주셔서 성령께서 각각의
심령에 깨닫도록 말씀해 주시옵소서.
그들 앞에서 복음의 삶을 살아내고 있는 제 기도를
들어 주시사 주님을 알리는 역할에 충실하도록
도와주시옵소서.
제가 기도하는 기도의 힘이 모여 하나님의
전능하신 오른팔을 움직이게 하시고 그것이
곧 그의 나라와 의를 구하는 간구가 되기를
간청합니다.
믿은 대로 될지어다.
기도한 대로 이루어질지어다.
간구한 대로 실상이 될지어다.
그리스도의 이름은 능치 못할 것이 없음을
믿습니다.
성령의 불이 화염검이 되어 가족들의 주변을 지켜
주시고 어두워진 영혼을 빛으로 밝혀 주시옵소서.
주님이 나의 가족에게 직접 말씀해 주셔서 속사람과
겉사람이 살아나게 명령하여 주시옵소서.

영혼아 일어날지어다.
영혼아 살아날지어다.
영혼아 소생될지어다.
나의 자녀야 다시 힘을 얻을지어다.
그리스도의 평강이 가족들의 심령에 임하게 하여 주시옵소서.

평강하고 평강할지어다.
평안하고 평안할지어다.
그리스도의 보혈이 가족들의 속사람에게 차고 넘치게 될지어다.
가족들의 속사람에게 예수님의 피가 뿌려지고 발라지고 그리스도의 보혈이 흘러 들어갑니다.

가족들의 겉사람에게도 예수님의 보혈이 뿌려지고 덮어집니다.
머리에 뿌려지고 덮어질 때마다 이전에 건강했던 모습으로 온전히 회복되게 도와주시옵소서.

속사람에 뿌려질 때마다 상처받고 외면받은
마음이 치유받게 하여 주시옵소서.
지금 가족들의 영이 하나님을 찾게 하여 주시고
하늘에서 영적인 힘을 더하여 주시사 가족들의
몸과 마음을 직접 치료하여 주시고 몸소 일으켜
세워 주시옵소서.

영광의 손으로 만지심에 회복의 축복이 있을지어다.
능력의 손으로 만지심에 건강의 축복이 임할지어다.
보혈의 피가 임하시리니 모든 죄들은 사라질지어다.
보혈의 권세로 영혼 구원을 받을지어다.
십자가에서 모든 질고를 지고 가신 주님이 내
가족들이 겪고 있는 모든 질고를 대신 지어
주시옵소서.
가족들의 옛사람이 십자가에서 사라지고 죽음에서
생명으로 옮겨 주시옵소서.
식구들의 위치가 심판의 자리에서 구원받은
성도의 무리로 바꿔 주시옵소서.

예수님의 생명책에 저희 가족들의 이름이
기록되도록 도와주시옵소서.

영혼을 구원해 주시겠다는 약속의 말씀으로
하나님의 자녀 된 자로 살게 해주시옵소서.
오늘도 성령님의 임재가 가족들의 심령에 임하여
그리스도 안에서 한마음 한뜻이 되게 하여
주시옵소서.
주님은 살리시는 영이십니다.
주님의 계획대로 시행해 주시옵소서.
살아계신 하나님의 능력이 가족들의 회복된
모습으로 나타나기를 간구합니다.
주여, 믿습니다.
하늘에서 부여되는 믿음을 주셔서 가족들이 영의
사람이 되어 복음 전도자로 세워 주시옵소서.
주님이 내 가족에게도 마지막 때에 거룩한 사명을
주셔서 하늘의 생명이 연장될 것을 믿고 기도
가운데 선포합니다.

영혼 구원을 위한 기도는 하나님이 들으시고
응답해 주십니다.
영원히 죽을 사망에서 영원히 살게 될 생명으로
구원해 주시옵소서.

이 기도에 믿음으로써 역사하는 사랑을 담고 가족
구원을 위해 성령의 불로써 간청합니다.
하나님이 받으시고 합당하게 구원해 주시고
회복시켜 주시옵소서.
하나님이 살아 계신 모든 증거와 영광을
가족들에게 나타내 보이시옵소서.
그리스도의 생명을 담아 간구하는 나의 마음을
모아 가족들의 영혼을 구원해 주시고 영혼을
천국으로 이끌어 주실 예수님의 이름으로 간절히
기도합니다. 아멘.

하나님은 모든 사람이 구원을 받으며 진리를 아는

데에 이르기를 원하시느니라 _딤전 2:4

# 자녀 인성 기도

예수께서 그들을 향하여 말씀하시되
나의 딸들아 나를 위해 울지 말고
**너희와 너희 자녀를 위하여 울거라** _눅 23:28

■ 우리 아이 → 본인의 자녀 이름

성령의 불이 우리 아이에게 임하여 주시옵소서.
성령의 불이 우리 아이의 머리와 가슴과 팔과
다리에 임합니다.
우리 아이의 속사람이 성령을 믿음으로 마십니다.
생명수가 되게 하여 주시옵소서.
성령을 성령을 간구합니다.
성령의 불로 불로 불로 불로 불로 임재해
주시옵소서.
성령의 불이 불이 불이 불이 불이 임하여
주시옵소서.

성령을 성령을 우리 아이의 겉사람이 믿음으로
마십니다.
생명수가 되게 하여 주시옵소서.
믿음으로 믿음으로 간구합니다.

예수님의 보혈을 우리 아이의 속사람에게 뿌리고
바릅니다.
예수님의 보혈이 우리 아이의 겉사람에게도
임하게 하여 주시옵소서.
예수님의 피뿌림이 우리 아이에게 임하게 하여
주시옵소서.
예수님의 보혈을 우리 아이가 공부하는 장소에
뿌리고 바르고 덮습니다.
보혈 보혈 보혈 보혈이 임하기를 원합니다.
보혈의 능력이 우리 아이에게 하늘의 지혜로
임하게 하여 주시옵소서.
보혈을 보혈을 간구합니다.

우리 아이의 영혼이 예수님의 보혈을 믿음으로
마시고 있습니다.
예수님의 보혈을 우리 아이의 영이 먹게 하여
주시옵소서.
예수님의 피와 살을 먹는 우리 아이에게 영원한
생명이 되게 하여 주시옵소서.
예수님의 피가 우리 아이에게 생수가 되고
예수님의 살이 영원한 양식이 되기를 간구합니다.
주 뜻대로 이루어 주시옵소서.
말씀이 내 입술의 고백을 통해 역사하여
주시옵소서.
기도의 소리가 능력이 되고 선포된 말씀이 우리
아이의 삶에 능력이 되게 하여 주시옵소서.
우리 아이가 그리스도 안에 있는 일만 스승을
따르게 하여 주시고 말씀의 인성을 내려
주시옵소서.
하나님이 입혀 주시는 성품의 옷을 입고 살기를
간구합니다.

하늘로부터 임하는 고운 모양을 입어 연한 순 같은
마음으로 살게 해주시옵소서.
예수 그리스도의 온유와 겸손이 임하여 아름다운
그리스도의 연합체를 이루어 살기를 원합니다.
계획대로 되지 않아 절망에 빠져 있을 때 주께서
주시는 소망의 힘을 받아 위로받는 자로 살게 하여
주시옵소서.
마귀가 주는 세상 가치관을 버리고 하나님이
주시는 영적인 가치관으로 살게 하여 주시옵소서.
세상이 주는 인권보다 그리스도 안에서 살아가는
인성을 주시옵소서.
학교 선생님을 공경하고 부모님께 감사하는
아이로 키워 주시옵소서.
부모가 되어 집에서의 역할이 말씀의 본이 되어
살겠습니다.
자녀를 내 생각과 마음으로 밀어붙여서 노엽게
하지 않기를 원합니다.

아이와 다툼이 생겨서 기도가 막히지 않도록
은혜를 내려 주시고 아이 앞에 거칠 것을 놓지
않고 살게 도와주시옵소서.
나의 참견과 관심이 내 자녀에게 억압이 되지 않는
지혜를 주시옵소서.
우리 아이가 노력하는 공부가 인내와 절제의
열매가 되게 하여 주시옵소서.

제 자녀가 지금은 부족하고 마른 나뭇가지처럼
약하오나 하나님이 들어 쓰시면 불가능을
가능하게 만들어 쓰실 것을 믿습니다.
저는 아무것도 염려하지 말고 오직 기도와
감사함으로 하나님께 아뢰겠습니다.
나의 자녀에게 세상적인 풍조를 따르게 만드는
세상 문화의 영들아 예수님의 이름으로
떠나갈지어다.
나의 자녀에게 비교의식을 주는 비교의 영들아
예수님의 이름으로 떠나갈지어다.

나의 자녀에게 걱정과 두려움을 주는 불안의
영들아 예수님의 이름으로 사라질지어다.


나의 자녀에게 우울한 생각을 주는 감정의 영들아
예수님의 이름으로 소멸될지어다.
나의 자녀에게 근심을 주는 염려의 영들아
예수님의 이름으로 묶임 받고 떠나갈지어다.
나의 자녀에게 낙심을 주는 좌절의 영들아
예수님의 이름으로 무력화될지어다.
하나님이 사랑하는 우리 아이에게 음란한
생각과 음란한 마음을 심어 놓는 정욕의 영들아
예수 그리스도의 이름으로 명하노니 사라지고
소멸될지어다.


하나님의 자녀 된 우리 아이를 너희 악한 영들은
쳐다보지도 못하고 만지지도 못할 것이다.
나의 자녀에게 세상적인 풍조를 따르게 만드는
악한 영들아 예수님의 이름으로 떠나갈지어다.

하나님이 성령을 우리 아이에게 주시므로 아이가 주님 안에 거하고 아이가 말씀 안에 거하는 줄을 알게 하여 주시옵소서.

하나님 아버지께서 아들을 세상의 구주로 보내신 것처럼 우리 아이도 세상에 보내져서 빛과 소금의 역할을 하고 살 수 있도록 도와주시옵소서.

내 자녀가 진리 안에서 행하여 하나님께 합당한 자로 서기를 간구합니다.

우리 아이를 세상에서 나오게 하사 온전한 구원에 이르도록 도와주시옵소서.

육체로 더럽힌 옷을 입지 않도록 주께서 주의 천사들을 보내어 지켜 주시옵소서.

능히 나의 자녀를 보호하사 성령 안에서 거침이 없게 하시고 하나님의 영광 앞에 흠 없이 서게 하여 주시옵소서.

믿음의 주요 온전하게 하시는 그리스도 안에서 생각하고 행하여서 죄의 무리에 참여하지 않기를 간구합니다.

세상에서 받은 악을 말씀 안에서 선으로 바꾸게
하사 하나님의 의를 드러내는 주님의 자녀가 되게
하여 주시옵소서.
주님이 내 아이와 함께 있어 어디로 가든지 지켜
주시고 하나님의 계획을 다 이루기까지 떠나지
마시옵소서.
하나님의 뜻을 따르는 자로 성장하게 하여
주시옵소서.
악한 동무들을 만나 악행 하지 않게 도우시고
하나님 경외하는 것에 힘을 다하고 살게
도와주시옵소서.
주변 사람들의 어그러진 말에 영향을 받지 않도록
성령의 보호막을 씌워 주시옵소서.
방주를 짓기 위해 역청을 안팎에 칠한 것처럼
그리스도의 보혈이 우리 아이의 영과 혼과 육에
덧칠해지게 하여 주시옵소서.
땅에 있는 것을 본받지 않게 하시고 오직 예수님의
삶만 따르고 본받게 도와주시옵소서.

이 시간 예수 그리스도의 이름으로 명하노니
생명의 기운이 우리 아이에게 임할지어다.
보좌로부터 임하는 성령의 불이 하늘의 지혜로
임할지어다.
하늘로부터 내려오는 기쁨과 감사의 영이
임할지어다.
자녀안에서 행하시는 이는 하나님이시니 주님의
기쁘신 뜻을 위해 내 자녀에게도 소원을 두고
행하게 하여 주시옵소서.
공부하는 것도 주님과 동행하는 예배가 되도록
성령께서 도우시옵소서.
공부하는 부담과 염려를 다 주께 맡겨서 성령의
돌보심을 받게 되기를 간구합니다.
여호와께서 우리 아이에게 스승이 되어 주시니
공부하는데 부족함이 없게 도우실 줄을 믿습니다.
우리 아이에게 능력 주시는 자 안에서 모든 것을
이루어 주시옵소서.

그리하여 예배로 심은 공부와 학교생활이
아름다운 열매가 되기를 원합니다.
순종하고 순종하는 아이가 되게 하여 주시옵소서.
겸손하고 겸손한 아이로 성장하게 하여
주시옵소서.
성실하고 성실한 자세로 임하여 맡겨진 공부와
학교생활이 장차 미래를 준비하는 지혜자로 살게
하여 주시옵소서.
저는 영의 기도로 자녀를 위해 기도하여 중보자로
서게 하시고 제 아이에게는 하늘의 축복이 되게
하여 주시옵소서.
하나님께서 내 자녀를 이끄시고 계시니
감사합니다.
하나님께서 친히 나보다 내 자녀를 사랑으로
돌보시니 감사하고 또 감사드립니다.
하나님께 나의 자녀를 맡겼사오니 주 뜻대로 만져
주시옵소서.

하나님의 오른팔이 나의 자녀를 감싸안고 있은즉
모든 계획이 주 안에서 이루어질 줄을 믿습니다.
저는 그저 주님께 맡기고 또 맡기겠습니다.
저는 그저 나의 자리에서 기도하고
기도하겠습니다.

하나님이 주신 소중한 아이를 그리스도의
마음으로 섬기고 돌보게 해 주셔서 감사드립니다.
하나님의 방법대로 올바르게 양육하여 주의 뜻을
따라 좁은 길을 걷겠습니다.
저와 제 자녀가 말씀 안에서 거하게 하시고 성령의
끈으로 하나가 되어 함께 그의 나라와 의를 이루는
동행자가 되게 하여 주시옵소서.

내 자녀에게 하늘에서 뿌려 주는 기쁨을 주시옵고
영원한 생명에 이르도록 도와주실 예수님의
이름으로 중보하여 기도합니다. 아멘.

어머니가 자식을 위로함 같이
내가 너희를 위로할 것인즉 너희가 예루살렘에서
**위로를 받으리니** 너희가 이를 보고 마음이 기뻐서 너희
뼈가 연한 풀의 무성함 같으리라

_사 66:13-14

# 공부기도

맡은 자들에게 구할 것은 **충성**이니라 _고전 4:2

성령의 불이 나에게 임하여 주시옵소서.
성령의 불이 나의 머리와 가슴과 팔과 다리에 임합니다.
내 속사람이 성령을 믿음으로 마십니다.
생명수가 되게 하여 주시옵소서.
성령을 성령을 간구합니다.
성령의 불로 불로 불로 불로 불로 임재해 주시옵소서.
성령의 불이 불이 불이 불이 불이 임하여 주시옵소서.
성령을 성령을 내 겉사람이 믿음으로 마십니다.
생명수가 되게 하여 주시옵소서.
믿음으로 믿음으로 간구합니다.

예수님의 보혈을 내 속사람에게 뿌리고 바릅니다.
예수님의 보혈이 내 겉사람에게도 임하게 하여
주시옵소서.
예수님의 피뿌림이 내 온몸에 임하게 하여
주시옵소서.
예수님의 보혈을 내가 공부하는 장소에 뿌리고
바르고 덮습니다.
보혈 보혈 보혈 보혈이 임하기를 원합니다.
보혈의 능력이 나에게 하늘의 지혜로 임하게 하여
주시옵소서.
보혈을 보혈을 간구합니다.
내 영혼이 예수님의 보혈을 믿음으로 마시고
있습니다.
예수님의 보혈을 내 영이 먹게 하여 주시옵소서.
예수님의 피와 살을 먹는 나에게 영원한 생명이
되게 하여 주시옵소서.
예수님의 피가 나의 생수가 되고 예수님의 살이
영원한 양식이 되기를 간구합니다.

주 뜻대로 이루어 주시옵소서.
말씀이 내 입술의 고백을 통해 역사하여
주시옵소서.
기도의 소리가 능력이 되고 선포된 말씀이 내 삶에
능력이 되게 하여 주시옵소서.
예수님의 손이 내 머리를 안수해 주셔서 지금 즉시
하늘의 지혜가 임하게 하여 주시옵소서.
보좌로부터 임하는 지혜로 공부하기를 원합니다.
학교생활과 공부가 하나님 앞에 예배가 되게 하여
주시옵소서.
말씀 안에서 예배하고 성령 안에서 공부하여 그의
나라와 의를 이루기를 원합니다.
하나님의 뜻을 지금 하고 있는 공부를 통해 이루어
주시고 거룩한 열매를 맺게 해주시옵소서.
나에게 주어진 지극히 작은 공부에 충성하여
하나님이 주신 시간을 하늘에 쌓기를 원합니다.
나에게 능력 주시는 예수님 안에서 모든 것을 할
수 있음을 믿습니다.

주님이 나의 목자가 되어 주시니 내가 부족함 없이
살아갈 수 있게 되었습니다.
나의 정욕을 채우는 공부가 아니라 하나님의
나라를 위하여 쓰임 받는 공부가 되기를 원합니다.
예수님이 나의 선생님이 되어 주셔서 깨닫게 하여
주시고 성령님이 친히 나를 이끌어 주시옵소서.
나에게 주어진 공부를 방해하는 악한 영들아
예수님의 이름으로 떠나가라.
성적에 대한 부담감을 주는 압박의 영들아
예수님의 이름으로 결박 받고 사라질지어다.
걱정과 두려움을 주는 염려의 영들아 예수님의
이름으로 사라지고 없어질지어다.
졸림을 가져다주는 졸음의 영들아 예수님의
이름으로 명하노니 떠나가고 떠나갈지어다.
패배감을 주는 좌절의 영들아 예수님의 이름으로
묶임 받고 무저갱으로 던져질지어다.
집중하지 못하게 만드는 잡념의 영들아 예수님의
이름으로 명하노니 사라지고 없어질지어다.

하나님 아버지, 성령의 불을 내려 주셔서 불의
능력으로 공부할 수 있는 힘을 더해 주시옵소서.
저는 할 수 없사오나 하나님으로서는 능히
가능하심을 믿습니다.
뜻대로 안 될 때에도 하나님께 맡기고
노력하겠습니다.
나에게 비교의식을 주는 열등감의 영들아 예수님의
이름으로 명하노니 너희 손과 발이 묶여질지어다.
이 공부에 집중하지 못하게 만드는 흐트러짐의
영들아 예수님의 이름으로 묶임 받고 영원히
떠나갈지어다.

공부를 예배로 올려드려서 사람들의 평가와
시선에 반응하지 않겠습니다.
지금 없는 미래의 불안과 염려를 하는 동안 근심의
영이 내 안에 들어오지 못하게 하겠습니다.
공부는 하나님의 뜻을 이루는 계획이므로 영적
전쟁임을 기억하겠습니다.

답답함을 주는 교만의 영아 예수님의 이름으로
명하노니 지금 즉시 떠나갈지어다.
서두름을 주는 조바심의 영들은 성령의 불로
완전히 태워지고 사라질지어다.
성령의 불 불 불 불 불을 원합니다.
공부할 수 있는 하늘의 지혜를 간구합니다.
영의 기도를 하는 동안 성령의 지혜가 부어지고
채워지게 하여 주시옵소서.
오직 믿음으로 구하고 조금도 의심하지 않겠습니다.
온갖 좋은 지혜와 온전한 선물이 다 위로부터
나옴을 믿습니다.
회전하는 그림자도 없으신 하나님이 주신 지혜로
공부하여 주님의 흔적을 나타내고 살게 하여
주시옵소서.
국어 공부를 할 때 주님이 주신 지혜로 지문을
읽게 하시어 모든 내용이 한 줄로 요약되게
도와주시옵소서.

하나님이 만드신 언어인즉 하나님이 쉽게
끌어내도록 도우실 것을 믿습니다.
영어 공부를 할 때 주님이 만들어 주신 언어로
이해하기를 원합니다.
하나님의 말씀도 언어로 되어 있사오니 언어의
지혜를 주셔서 주님이 주신 능력으로 영어를
공부하게 도와주시옵소서.
수학 공부를 하는 동안에는 하나님의 계산 능력이
나에게도 임하게 하여 주시옵소서.

사람의 머리털을 세시고 하늘의 별들을 세신
하나님이 저에게도 정확한 계산을 할 수 있도록
지혜를 부어 주시옵소서.
과학 공부는 이미 창조하신 과학 원리를 내 머리에
부어주셔서 하나의 원리를 알면 모든 법칙과
개념이 이해되도록 도와주시옵소서.
하나님이 세상을 원리에 맞게 창조하셨은즉 그
원리와 법칙을 하늘의 지혜로 알게 하여 주시옵소서.

사회 공부를 하는 동안 하나님이 만드신 사람들과 문화와 지형을 이해하여 자연스럽게 습득이 되도록 도와주시옵소서.
이 모든 것은 하나님의 창조 원리에 맞게 만들어진 과목들입니다.
그러므로 하나님을 더 가까이 알게 될수록 하늘의 지식이 임하여 즐거이 공부하기를 기도합니다.
공부가 공부다운 것은 하나님이 함께 하시기 때문임을 믿습니다.
시험의 모든 결과는 하나님께 달려 있으니 하나님께 맡기고 주어진 오늘에 최선을 다해 노력하겠습니다.
오늘 주어진 노력의 공적을 하늘에 쌓게 해 주실 나의 주 예수님의 이름으로 간절히 기도합니다.
아멘.

**지혜와 권능이 하나님께 있고**

계략과 명철도 그에게 속하였나니 _욥 12:13

### 읽는 기도 소책자
- 영의 기도 -

**초판 1쇄 발행** 2025년 9월 10일

**지은이** 무명의 기도자
**펴낸이** 황성연
**펴낸곳** 도서출판 더하트
**출판등록** 제 2024-000016호
**주문처** 하늘유통
**주소** 경기도 파주시 광탄면 혜음로 883번길 39-32
**전화** 031-947-7777
**팩스** 0505-365-0691
**홈페이지** www.jesus-jesus.com
**ISBN** 979-11-941773-57 03230
Copyright © 2025, 더하트 출판사

잘못 만들어진 책은 구입하신 서점에서 바꿔 드립니다.
정가는 뒤표지에 있습니다.